Brigitte Wilmes-Mielenhausen
Alle Sinne sind schon wach

HERDER spektrum

Band 4844

Das Buch:

Vom ersten Lebenstag an genießen es Babys, gewiegt, gehalten und gestreichelt zu werden. Nicht nur Schlafen und Essen gehören zu ihren Beschäftigungen, Schmusen und Spielen ist genauso wichtig. Gerade in dieser ersten Zeit nach der Geburt und bis ins zweite Lebensjahr, in dem die Kinder die Welt entdecken und dabei immer wieder die Geborgenheit bei Mutter und Vater suchen, brauchen Eltern und Kinder Zeit für zärtliche Schmusespiele, Strampelverse, beruhigendes Singen, sanftes Schaukeln und Tragen, vielseitige Erfahrungs- und Entdeckungsspiele. So lernen sie sich gegenseitig kennen. Kinder wollen ihren eigenen Körper und ihre Umwelt entdecken und erleben – am liebsten gemeinsam mit vertrauten Menschen. Viel wichtiger als jedes Spielzeug ist ihnen der Körperkontakt.

Brigitte Wilmes-Mielenhausen hat in diesem Buch eine Vielzahl von Kuschel-, Schmuse- und Bewegungsspielen für Babys und Kleinkinder gesammelt, vieles hat sie aus ihrer eigenen Praxiserfahrung heraus selbst entwickelt. Spiele zum Aufwachen und Aktivwerden sind dabei und solche zum Ruhigwerden. Die Spielvorschläge orientieren sich dabei entwicklungsgerecht am Alter der Kleinen von der Geburt bis ins zweite Lebensjahr hinein, so daß die sensomotorischen Bedürfnisse und Möglichkeiten jeweils optimal berücksichtigt sind. Eltern können ihre Kinder so dabei unterstützen, ein durch und durch positives Körpergefühl zu entwickeln. Und wenn sich ein Kind in seiner Haut wohl fühlt, geht es auch den Eltern gut.

Ein Buch voller Ideen und Anregungen für Eltern, Großeltern, Babysitter und alle, die mit Kindern zu tun haben. Viele Spielvorschläge, Lieder, Tips, die helfen, die Tage mit den Kleinen abwechslungsreich zu gestalten, auf ihre Bedürfnisse einzugehen und so gemeinsam mit allen Sinnen die Welt zu entdecken.

Die Autorin:

Brigitte Wilmes-Mielenhausen ist Erzieherin und Diplom-Pädagogin und seit vielen Jahren Fachbereichsleiterin an einer Familienbildungsstätte. Sie ist ausgebildete Yoga-Lehrerin und leitet Yoga- und Meditationskurse. Sie schreibt Artikel für pädagogische Fachzeitschriften und ist Autorin einiger Fach- und Elternbücher. Brigitte Wilmes-Mielenhausen lebt mit ihrem Mann und ihren zwei Kindern in Norddeutschland.

Brigitte Wilmes-Mielenhausen

Alle Sinne sind schon wach

Schmuse-, Kuschel- und Bewegungsspiele
für die Kleinsten

Herder
Freiburg · Basel · Wien

Für Lucas

Innenfotos: Horst Bethmann, Göttingen
Die Fotos auf den Seiten 21, 79, 89, 91, 95, 131, 139
stammen von der Autorin

Gedruckt auf umweltfreundlichem,
chlorfrei gebleichtem Papier

Alle Rechte vorbehalten – Printed in Germany
© Verlag Herder Freiburg im Breisgau 2000
Satz: Rudolf Kempf, Emmendingen
Herstellung: Freiburger Graphische Betriebe 2000
Umschlaggestaltung und Konzeption:
R·M·E München / Roland Eschlbeck, Liana Tuchel
Umschlagbild: © Mauritius
ISBN 3-451-04844-2

Inhalt

**Alles geht über die Haut: Warum kleine Kinder
Nähe brauchen** 9

**Schau, was ich dir sagen will: Zärtliche Zwiegespräche
mit dem Kind** 11

**Weniger ist oft mehr: Spielregeln für Spiele
mit den Kleinsten** 15

Gerade geboren und schon ganz wach 17
Das erste Vierteljahr (0–3 Monate) . . . .
   Hallo, mein Kind: Willkommen 17
   Warm, eng und geborgen 19
   Kuschel, wuschel, Schäfchen: Berührungsspiele
   mit dem Babyfell 21
   Kribbel, krabbel, kraule mich: Streichelmassage . . . 22
   Hüpfen, halten, wiegen: Weinende Babys
   spielend beruhigen. 26
   Die Engelchen werden geschaukelt: Wiegespiele . . . 31
   Kling, klang, Glockenklang: kleine Ohren
   schalten auf Empfang 36
   Mit Händen und Füßen: Bewegungsspiele 37
   Warm und naß: Ein allererster Badespaß 41
   So gehen wir spazieren: Tragehaltungen,
   Tragehilfen 43

Greifen und begreifen 48
Das zweite Vierteljahr (4–6 Monate)
   Neugierig und aktiv: Das Baby entdeckt
   seinen Körper 48

Wie fühlt sich das an? Greif- und Tastspiele 49
Zeigt her eure Füße: Spiele mit Beinen und Füßen .. 51
Turnvergnügen: Hochziehen, Hopsen,
wiegen, Rutschen 53
Mal was Neues: Spiele in Bauchlage 58
Schau genau: Bewegliches zum Sehen und Staunen .. 59
Was raschelt da? Hören und Lauschen 61
Da kommen Scheck und Maus: Kitzel-
und Knuddelspiele 62
Guten Morgen – gute Nacht: Erste Rituale zum
Einschlafen und Aufwachen 66

Erkunden und entdecken 72
Das dritte Vierteljahr (7–9 Monate)
Auf los geht's los: Das Baby wird mobil 72
Rolle hin, rolle her: Spiele zum Drehen und Rollen .. 73
Weg vom Fleck: Durch den Raum robben 74
Mit Kochtopf, Sieb und Nagelbürste:
Neue Tast- und Geschicklichkeitsspiele 76
Eins, zwei, drei und butz: Fallenlassen,
Geben und Nehmen 78
Das bin ja ich! Das eigene Spiegelbild entdecken ... 78
Hopp-hopp-hopp: Erste Kniereiter- und Fingerspiele . 80
Heile, heile Segen: Tröstespiele 82
Ein Handtuch wollt spazieren gehn:
Spiele zur Körperpflege 85

Auf eigenen Füßen 87
Das letzte Vierteljahr (10–12 Monate)
Aufrecht stehn, aufrecht gehn:
Die Schwerkraft überwinden 87
Stufen, Bretter, Röhren:
Spiele für geschickte Krabbelkinder 88
Auf in den Stand: Hochziehspiele 91
Wer kommt in meine Arme?
Spiele zum Laufenlernen 93
Mit Daumen und Zeigefinger: Neue Greifspiele 94

Ich spüre den Sand und rieche das Gras:
Spiele in der Natur 95
Komm in mein Kuschelhaus:
Schmuseecken zur Entspannung 96
In meiner Badewanne bin ich Kapitän!
Planschen, Haarewaschen und Kämmen 97

Schritte ins Leben 100
Das zweite Lebensjahr beginnt
Kein Baby mehr: Was ich schon alles kann 100
Mein erster Geburtstag ist heut! 101
Schieb ein bißchen: Schieben und Nachziehen ... 105
Rein und raus: Packen und Räumen 106
Rauf und runter: Klettern und Rutschen 107
Hin und her: Schaukelspiele 111
Rund herum: Drehen und Schweben 113
Was bewegt sich da? Alles, was rollt 115
Kuckuck, wo bin ich? Versteck- und Suchspiele ... 117
Ist das kuschelig: Mit Kissen und Decken 120
Jetzt kommt der Schmusebär:
Neue Fingerspiele und Kuschelverse 124
Schmierfinger: Malen, Matschen, Cremen 130
Jetzt tanzt der kleine Hampelmann:
Erste Tanz- und Musikspiele 133
Wasser, Wasser, Wasser: Spiele mit dem
kühlen Naß 134
Was der Tag so bringt: Spiele und Rituale
zum Tagesablauf 139
Wir essen 142
Der Tag geht zur Neige 143
Alltägliches wird zum Spiel 148

Literatur 155

Hinweise 157

Alles geht über die Haut:
Warum kleine Kinder Nähe brauchen

Babys kuscheln und schmusen gern. Ganz selbstverständlich nehmen wir ein weinendes Baby hoch, drücken es sanft an unsere Schulter, wiegen es vorsichtig hin und her. Auf dem Wickeltisch streicheln wir den kleinen Körper und sind erfreut, wenn das Baby wohlige Quietschlaute von sich gibt und fröhlich strampelt. Diese Freude des Kindes ermuntert uns, das Kind weiter zu necken und zu kraulen, und schon entstehen erste Schmusespiele, die nicht nur dem Baby, sondern auch den Eltern Spaß machen.

Schon von Anfang an erkennt das Baby Mutter und Vater an ihrem Körpergeruch und am Klang ihrer Stimme. Beim Füttern und der alltäglichen Körperpflege erlebt es angenehme Berührungsreize. Durch Streicheln, Halten und Wiegen erfährt das Baby Geborgenheit und Vertrauen. Es fühlt sich angenommen, gehalten und geliebt. Das Baby betrachtet immer wieder das Gesicht von Mutter und Vater, der warme Hautkontakt wird durch den liebevollen Blickkontakt ergänzt.

Die Haut ist jenes Sinnesorgan, das bereits im Mutterleib entwickelt ist. Hautkontakt steht in enger Verbindung zu den Gefühlen des Babys und trägt zu seiner seelischen und körperlichen Gesundheit bei. Sanfte Berührungen festigen darüber hinaus die Beziehung zwischen dem Kind und seinen Eltern. Sogar zu früh geborene Babys kann man durch Streichelbewegungen, durch Tragen, Wiegen und Schaukeln in ihrer Entwicklung unterstützen. Meist wachsen sie besser und nehmen schneller an Gewicht zu.

Da ein Großteil des Tagesablaufs mit einem Baby durch Nahrungsaufnahme und Pflege bestimmt ist, ergeben sich gerade beim Füttern, Baden und Wickeln Gelegenheiten zu liebevoller Berührung. Aber auch darüber hinaus will das Baby keineswegs den ganzen Tag lang schlafen. Es möchte an dem Geschehen in der Familie teilhaben: Neugierig wendet es den Kopf, wenn etwas Interessantes passiert. Es scheint zu lauschen, verfolgt mit den Augen Lichtspiele und Bewegungen. Es möchte hoch genommen und getragen werden, und irgendwann geht es schließlich selbst auf Entdeckungsreise und beginnt damit, die Wohnung zu erforschen. Schon ganz junge Babys spielen gern, z. B. mit den eigenen Händen und Füßen. Aber sie freuen sich auch, wenn jemand mit ihnen spielt. All ihre Sinne sind schon wach und wie feine Antennen auf Empfang geschaltet.

Das Baby selber zeigt uns dabei, welche Spiele ihm Spaß machen, auf welche Weise und wie lange es spielen möchte. Wenn wir aufmerksam sind für die Signale und Bedürfnisse des Kindes, dann kann sich schnell ein spielerischer Dialog, ein Zwiegespräch mit und ohne Worte ergeben. Dieses Buch soll Ihnen dabei helfen, die Bedürfnisse des Babys zu erkennen, aufzugreifen und seine Entwicklung durch Spielangebote zu unterstützen. Dabei sind Babys keineswegs „dumm", wie man früher annahm, sondern schon richtige kleine „Experten". Sie sind in der Lage, auf soziale Signale zu reagieren, Beziehungen zu knüpfen, zu fühlen, zu lernen, sich zu erinnern und ihre eigene Entwicklung voran zu treiben.

Kommen Sie dem Wunsch des Babys nach Nähe und Berührung entgegen. Geben Sie ihm Gelegenheit, all seine Sinne zu erforschen und dabei unterschiedlichste Erfahrungen zu machen.

Schau, was ich dir sagen will: Zärtliche Zwiegespräche mit dem Kind

Sprache beginnt mit dem ersten Schrei, ja bereits im Mutterleib. Der Fötus hört die Stimme seiner Eltern und bekommt somit eine Reihe von Signalen vermittelt, die ihn auf die Bedingungen seiner zukünftigen Umgebung vorbereiten. Wir wissen heute, daß ein Neugeborenes dem Sprechen Erwachsener und dem Weinen anderer Babys mit außerordentlicher Genauigkeit zuhört. Es hat von Natur aus ein Verlangen nach Zwiesprache. Es kann allerdings nicht nur zuhören, sondern auch selber „sprechen": durch die Art seines Schreiens, durch einzelne Laute, Gesten, Bewegungen.

Sprechen zwischen Eltern und Kind vollzieht sich über viele Kanäle. Die Worte der Eltern sind begleitet von Mimik, Körpersprache, Zärtlichkeiten, und anfangs ist es gar nicht die Wortbedeutung, sondern die gefühlsmäßige Grundstimmung der Zuneigung und Liebe, die sich dem Kind auf diese Weise mitteilt. So sind auch die ersten zärtlichen Schmusespiele sowohl von Sprache als auch von Gesten und betontem Mienenspiel begleitet. Dabei ahmen sich Eltern und Baby im Spiel gegenseitig nach. Sie betrachten sich wie in einem Spiegel und reagieren aufeinander.

Spiele mit dem Baby entwickeln sich meist spontan aus dem Tagesablauf: ob nach dem Aufstehen, beim Baden, Haarewaschen, Wickeln, Füttern oder vor dem Einschlafen: Immer wieder ergeben sich Situationen für kleine Schmusespiele und Reime. Schließlich erkennen Babys sogar ein Lieblingsspiel wieder und reagieren oft aufgeregt und voll Freude auf immer neue Wiederholungen.

Dabei zeigt uns das Baby selber, was es gerade braucht. Langweilt es sich und möchte eine „Unterhaltung" beginnen? Dann ist es jetzt vielleicht zu einem munteren Bewegungsspiel aufgelegt. Oder ist es eher müde, überreizt und braucht Ruhe? Dann hilft womöglich ein Wiegenlied.

Das Baby deutet uns aber auch neue Entwicklungsschritte an: Wir entdecken z. B., wie es unermüdlich das Greifen mit seinen kleinen Händen übt. Wir sehen, daß es versucht, in der Bauchlage den Kopf zu halten oder sich auf die Seite zu drehen. Gerade im ersten Lebensjahr gibt es bei einem Baby immer Neues zu entdecken. Mit viel Fingerspitzengefühl können wir Spiele auswählen, die das Kind jetzt besonders interessieren und die seine weitere Entwicklung behutsam unterstützen.

Dabei ist es natürlich wichtig, die Reaktionen des Kindes aufmerksam zu verfolgen: Spielt es wirklich freudig mit? Andernfalls sollte man das Spiel umgestalten oder abbrechen. Immerhin ist das Baby eine eigene kleine Persönlichkeit. Beim Spielen soll es selbst Regie führen und nicht bloß das tun, was wir Erwachsenen ihm vorgeben. Dabei kommt es nicht auf die Menge der Spiele an. Das passende Spiel zur richtigen Zeit, häufig wiederholt, ist besser als eine unübersichtliche Palette immer wechselnder Angebote. Alle Sinne benötigen ein bestimmtes Maß an Außenreizen, um sich entfalten zu können. Eine einseitige Überfütterung mit Reizen ist genauso wenig gut wie ein Mangel an Stimulation.

Babyspiele folgen meist ganz eigenen Regeln: Ganz automatisch sprechen Mutter und Vater in hoher Stimmlage und verfallen in einen melodischen Singsang. Gefühlsmäßig halten sie genau den richtigen Abstand zum Baby ein, so daß schon ganz junge Säuglinge ihre Gesichter schemenhaft wahrnehmen können. Dann beginnt das eigentliche Spiel mit einem Eröffnungsritual: „Halloooooh", sagt z.B. die Mutter, beugt sich zum Kind und schneidet eine Grimasse. Das Baby reagiert prompt: Es strampelt und zappelt mit den Ärmchen. Die Mutter sieht die freudige Erregung des Kindes und fährt mit dem Spiel fort. Sie kitzelt die Fußsohlen des Babys und sagt „Kille-kille". Das Baby lacht laut und antwortet: „Ma . . .". Die Mutter freut sich und wiederholt: „Ma-ma . . .". Dann fügt sie hinzu: „Ja wo ist denn Mama?" . . . Nun wandern ihre Finger den Körper des Babys von den Füßen aufwärts bis zum Kopf: „Geht ein

Mann die Treppe rauf", spricht die Mutter dazu, und das Baby lacht schallend, als es schließlich zum Schluß an der Nase gekitzelt wird. Das gegenseitige Necken und Sprechen steigert sich immer weiter bis zu einem Höhepunkt. Dann fällt die Spannung ab. Das Spiel findet seinen Abschluß oder beginnt nach einer kleinen Pause von vorn.

Im ersten Lebensjahr entwickelt sich ein Baby in rasantem Tempo. Niemals im Leben macht ein Kind in so kurzer Zeit so einschneidende Entwicklungsfortschritte. Von dem noch hilflosen Neugeborenen bis zum Krabbel- und Laufkind vergeht oft nicht einmal ein Jahr. Kein Wunder, daß Eltern jeden Entwicklungsschritt neugierig verfolgen und jeden kleinen Fortschritt voll Freude und Stolz registrieren. Dabei stellen sie sich des öfteren die Frage: Entwickelt sich mein Kind normal?

Grundsätzlich gilt: Entwicklung ist ein Wechselspiel zwischen inneren Reifungsvorgängen und äußeren Umwelt- und Erziehungseinflüssen. Man kann bei den meisten Kindern ähnliche Entwicklungsphasen erkennen, obwohl im Einzelfall größere Abweichungen möglich sind.

Deshalb ist auch dieses Buch nach groben Entwicklungsabschnitten gegliedert: Vom ersten Vierteljahr bis ins zweite Lebensjahr hinein erfahren Sie alles über die wesentlichen Entwicklungsschritte mit den entsprechenden Spielvorschlägen. Wenn Sie noch Fragen haben sollten, so können Sie diese bei den regelmäßigen Vorsorgeuntersuchungen mit Ihrem Kinderarzt oder Ihrer Kinderärztin besprechen. Sollte es objektive Entwicklungsrückstände geben, wird man Sie dort entsprechend beraten können. Andererseits ist nicht jede Verzögerung Anlaß zur Sorge. Jedes Kind hat ein ganz eigenes Entwicklungstempo.

Darüber hinaus lassen sich bei Babys und Kleinkindern schon ganz deutlich unterschiedliche Temperamente erkennen. Das eine Kind ist möglicherweise sehr aufmerksam und aktiv. Vielleicht tendiert es auch zur Unruhe und entpuppt sich womöglich als „Vielschreier". Das andere verhält sich dagegen ausgesprochen ruhig, schläft viel, ist gern auf dem Arm und immer zum Kuscheln aufgelegt. Beobachten und entdecken Sie Ihr Kind! Ein sehr lebhaftes Baby muß nicht noch zusätzlich angeregt werden. Es braucht eher ruhige Spiele. Das passive Kind benötigt dagegen vielleicht Spiele, die es aufmuntern und auffordern, selbst aktiv zu werden.

Auch ohne Worte sprechen Babys zu uns: Durch Körperhaltung, Gesichtsausdruck, Gesten, Bewegungen und Laute zeigen sie uns ihre Stimmung und ihre Bedürfnisse. Je besser wir das Kind kennen, desto leichter ist es uns möglich, das Kind in seinem Wesen und in seinen Botschaften zu verstehen.

Weniger ist oft mehr:
Spielregeln für Spiele mit den Kleinsten

- Bekannte, häufig **wiederholte** Spiele sind besser als ständig wechselnde Angebote.
- Bauen Sie Spiele in den **Tagesablauf** ein (z. B. „Guten-Morgen-Spiel", „Bade-Spiel", „Gute-Nacht-Spiel" usw.). Auf diese Weise erlebt das Kind schon erste kleine **Rituale** im Tagesablauf, die es sich mit der Zeit einprägen kann. So bekommt der Tag einen bestimmten Rhythmus, der dem Kind Orientierung und Sicherheit schenkt.
- Verstehen Sie die Vorschläge in diesem Buch nur als **Idee**. Passen Sie die Spiele der jeweiligen **Situation** und den Bedürfnissen des Kindes an. Gestalten Sie Spiele um, falls dies notwendig sein sollte.
- Beobachten Sie bei jedem Spiel die **Reaktion** Ihres Kindes aufmerksam! Überfordern Sie das Kind nicht. Wenn es sich z. B. abwendet, ist es nicht mehr interessiert.
- Achten Sie auf ihre **eigenen Gefühle**. Im „Zwiegespräch" mit dem Baby re-agieren Sie ebenso auf das Kind wie das Kind auf Sie. Wie erleben Sie Ihr Kind? Wie fühlen Sie sich beim Schmusen und Spielen mit ihm? Wie erleben Sie die **Be-ziehung** zu Ihrem Baby?
- Lassen Sie dem Baby genügend Raum, **selbst** tätig zu werden. Kinder können auch gut **allein** spielen (z. B. mit den eigenen Händen und Füßen). Je älter das Kind wird, desto mehr interessiert es sich für Dinge in seiner Umgebung. Es will vieles erfahren und erforschen. Lassen Sie ihm Zeit für eigene Entdeckungen!
- Für gemeinsame Spiele gilt: Eltern und Baby sollten **Spaß** haben. Erleben Sie mit Ihrem Kind die Freude beim Spiel und genießen Sie die wertvollen Augenblicke ungeteilter Aufmerksamkeit und Nähe!

In diesem Sinne wünsche ich allen Müttern, Vätern, Großeltern, Geschwistern und all jenen, die beruflich mit Babys und Kleinkindern zu tun haben, viel Raum und Ruhe für eine zärtliche und fröhliche Spielzeit und den Kindern Freude und Genuß!

Gerade geboren und schon ganz wach

Das erste Vierteljahr (0–3 Monate)

Hallo, mein Kind: Willkommen

Wie schön war es doch in Mamas Bauch: warm, umhüllt, geborgen. Ein kleines Schlaraffenland. Und jetzt nach der Geburt? Ist es nicht ein Schock, plötzlich grelles Licht und Kälte zu spüren?

So ist es heute kaum mehr, denn inzwischen bemühen sich fast alle Kliniken darum, das Baby sanft willkommen zu heißen: Grelles Licht wird gedämpft, laute Geräusche vermieden. Das Neugeborene wird nicht sofort abgenabelt, sondern zunächst der Mutter auf den Bauch gelegt. Erst wenn die Nabelschnur nicht mehr pulsiert, durchtrennt man sie – vielleicht macht es sogar der Vater. Das Baby wird in warmem Wasser gebadet und noch im Kreißsaal zum Stillen angelegt. Dieses frühe Zusammensein von Mutter und Kind, das sich dann im sogenannten „rooming-in" fortsetzt (Mutter und Kind sind im selben Raum dicht beieinander untergebracht), scheint ein zum Teil auch biologisch gesteuertes Verhalten nach sich zu ziehen: Die Mutter lernt ihr Kind besser kennen. Das frühe und ständige Zusammensein regt die Milchproduktion bei der Mutter an, und sie findet sich durch den ständigen Kontakt besser in ihre neue Rolle ein. Das Baby fühlt die Nähe der Mutter, hört ihr Stimme, nimmt ihren Geruch wahr. Die Umstellung auf das Leben außerhalb des Mutterleibs geschieht behutsam. Eine frühe Bindung zwischen Mutter und Kind entsteht.

Das Neugeborene bringt schon fertige Bewegungsabläufe mit auf die Welt, eine Art „Überlebensprogramm", das angeboren ist und aus einer früheren entwicklungsgeschichtlichen Zeit des Menschen stammt. Es handelt sich dabei um Reflexe, wie

z. B. das Saugen, den Such- und Schluckreflex, den Handgreifreflex, automatische Schreitbewegungen oder reflektorische Stützreaktionen.

Typisch für das Neugeborene ist die Beugehaltung des Körpers. Der Kopf pendelt beim Hochnehmen des Kindes noch hin und her, so daß ihn Mutter oder Vater mit der Hand stützen müssen. Allerdings können auch schon ganz junge Babys ihren Kopf in Bauchlage für wenige Sekunden halten. Das Baby reckt und streckt sich viel und strampelt kräftig. In dieser frühen Zeit sind Berührungen die Quelle der gefühlsmäßigen Befriedigung.

Im **zweiten Monat** kann das Kind seinen Kopf schon für mehrere Sekunden anheben. Die Fäustchenstellung der Hände wird immer häufiger aufgegeben. Ab dem **dritten Monat** kann der Kopf schon circa eine Minute gehalten werden. Nun sind die Hände bereits längere Zeit geöffnet. Ansatzweise greift es schon nach Gegenständen, wenn man sie ihm reicht. Es verfolgt eine Rassel mit den Augen, die langsam vor dem Gesicht des Kindes von einer Seite zur anderen bewegt wird. Jetzt lächelt es schon gezielt vertraute Gesichter an und freut sich, sie wieder zu sehen.

Ruhen auf Mutters Bauch

Legen Sie Ihr neugeborenes Baby immer wieder – wenn Sie mögen mehrmals täglich – auf Ihren Bauch bzw. Ihre Brust und lassen Sie es Körperwärme und den mütterlichen Herzschlag

Enge Verbindung über Atemrhythmus und Herzschlag. Diese einfache und bequeme Ruheübung gibt Mutter und Kind Entspannung und Energie

spüren. Noch intensiver ist diese Körpererfahrung, wenn Mutter und Kind nackt sind. Natürlich werden Sie Ihr Baby durch eine Decke oder ein Schaffell vor Wärmeverlust schützen!

Warm, eng und geborgen

Gegen Ende der Schwangerschaft war nicht mehr viel Platz in Mutters Bauch. Vielen Babys ist die fehlende Umgrenzung und plötzliche Freiheit nach der Geburt ungewohnt. Wir können dem Neugeborenen auch nach der Geburt das Gefühl von schützender Umhüllung vermitteln:

Vielleicht nehmen Sie sich hin und wieder Zeit, das Köpfchen des Neugeborenen – z. B. wenn es auf dem Wickeltisch liegt – mit beiden Händen sanft zu umschließen. Sie können auch eine Hand auf den Kopf und die andere auf den Bauch des Kindes legen und beide Hände für einige Zeit dort ruhen lassen. Oder eine Hand berührt den Bauchnabel, während die andere immer wieder über das Köpfchen des Babys streichelt.

Umhüllung auch im Schlaf
Die ideale Schlafstätte für ein Neugeborenes sind Wiege, Stubenwagen, Tragetasche, Kinderwagen. Große Kinderbetten kann man durch ein „Nestchen" abteilen und verkleinern. Eine solche Bettstatt vermittelt dem Neugeborenen die Erfahrung eines an den Seiten und Enden begrenzten

> Raumes, der bei Bewegungen immer wieder Berührungsreize vermittelt.
>
> Wenn Sie das Kind beim Schlafen seitlich lagern, benötigt das Baby allerdings Unterstützung durch ein Kissen oder eine Decke im Rücken. Durch den Rückenkontakt mit einem dicken Kissen o. ä. erlebt das Kind wiederum Berührungsreize und macht die Erfahrung von Begrenzung und „Umhüllung".
>
> Auch das Tragen im Tragetuch oder Tragesack gibt dem Kind das Gefühl von schützender Enge.

Was ich hier als Spiel beschreibe, tun fast alle Eltern auf der ganzen Welt völlig automatisch, ohne daß sie es jemals gelernt hätten. Dennoch kann meine „Spielanleitung" Ihnen helfen, sich Ihr Tun bewußt zu machen und die Reaktionen Ihres Babys noch genauer zu beobachten. Die Nachahmung des Gesichtsausdrucks der Eltern ist schon bei Neugeborenen vorhanden. Sprechen Sie deshalb mit Ihrem Baby und beobachten Sie, wie es seinen Kopf langsam in Richtung Ihrer Stimme wendet und auch Ihren Gesichtsausdruck verfolgt. Versuchen Sie nun, wie ein Komiker, Grimassen zu schneiden. Gerade übertriebene Gebärden scheinen der kindlichen Aufnahmefähigkeit in besonderem Maße zu entsprechen: Öffnen und schließen Sie z. B. den Mund, strecken Sie die Zunge heraus, rollen Sie die Augen, werfen Sie übertrieben den Kopf zurück, blinzeln Sie oder ziehen Sie die Augenbrauen hoch. Sicherlich werden Ihnen noch andere Varianten einfallen! Vielfach beantworten Babys diese Grimassen, indem sie das Gesehene direkt nachahmen oder zumindest ihr Interesse mit Stirnrunzeln, Mundöffnen oder anderen Ausdrucksformen kundtun.

Dabei begleiten die Eltern das Spiel automatisch mit der sogenannten „Ammensprache": sie sprechen mit erhöhter Stimmlage, einem Anstieg der Sprachmelodie am Ende des Satzes und häufigem Wiederholen eines Wortes usw.

Kuschel, wuschel, Schäfchen:
Berührungsspiele mit dem Babyfell

Ziehen Sie Ihr Baby nackt aus. Dabei sollte die Raumtemperatur so hoch sein, daß Ihr Kind nicht auskühlt. Heizen Sie bei Bedarf das Zimmer noch zusätzlich mit einem Heizöfchen auf. Legen Sie Ihr Baby zunächst in Rückenlage auf das Schaffell, und lassen Sie es einfach frei auf der angenehm weichen Unterlage strampeln. Sie können auch die Zipfel des Fells nehmen und das Kind damit sanft streicheln bzw. durch wechselseitiges Anheben und Senken der Fellenden den Säugling sanft hin und her bewegen wie in einer Wiege. Vielleicht summen Sie dazu ein Lied oder erfinden einen Spruch:

Rolle hin und rolle her,
das Rollen fällt dem Felix gar nicht schwer!
Wiege hier und wiege da,
das Wiegen, das ist wunderbar!

Sie können das Baby auch ganz in das Fell einwickeln und mit den Händen Streichel- und Rubbelbewegungen ausführen, so daß der Körper des Kindes durch das flauschige Fell ganz umfangen und wohlig gestreichelt wird.

Legen Sie Ihr Kind nun auf den Bauch. Selbst ganz kleine Säuglinge heben ihren Kopf in dieser Lage bereits für wenige Sekunden an. Mit zunehmendem Alter wird ein Kind, das oft in die Bauchlage gebracht wird, seinen Kopf immer ausdauernder halten und selbst erfahren, daß es in dieser Position den

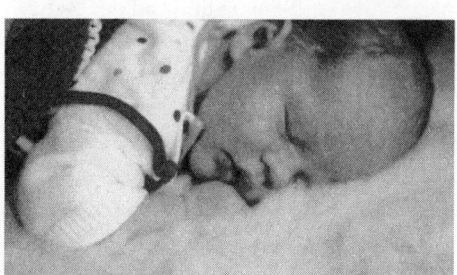

Babys schlafen ruhiger und tiefer auf einem weichen, warmen Fell. Sorgen Sie für regelmäßige Reinigung von Schmusefellen – Allergierisiko!

Raum viel besser überblicken und ganz aktiv am Geschehen seiner Umwelt teilhaben kann. Greifen Sie nun wieder die Enden des Babyfells, streicheln und kitzeln Sie das Kind damit, oder rubbeln Sie seinen Rücken mit der Fellseite vorsichtig ab (vom Nacken runter bis zum Po).

Kribbel, krabbel, kraule mich: Streichelmassage

Beim Wickeln und Pflegen bietet sich mehrmals am Tag die Möglichkeit für intensive Blicke, kleine Unterhaltungen und zartes Streicheln. Selbstverständlich können Sie die nachfolgenden Massagespiele nicht nur auf dem Wickeltisch, sondern auch am Boden oder mit dem Kind auf dem Schoß ausführen:

> **Ein Gespräch ohne Worte**
> Ihr Lehrmeister ist das Baby selbst. Nehmen Sie Blickkontakt mit ihm auf, und beobachten Sie seine Reaktionen, während Ihre Hände fast wie von selbst arbeiten.
> Spüren Sie vor Beginn der Babymassage Ihren vollen, tiefen Atem. Schütteln Sie – bei entspannten Schultern – Ihre Hände aus und wärmen Sie die Handinnenflächen durch Reiben und Wringen vor.
> Der Raum sollte gut beheizt sein (bei ganz jungen Babys möglichst 27° Raumtemperatur).
> Massieren Sie nicht direkt im Anschluß an eine Mahlzeit.
> Bei einer zusammenhängenden Ganzkörpermassage geht die Massagerichtung abwärts – vom Kopf bis zu den Füßen – wobei zunächst die Vorderseite und anschließend der Babyrücken behandelt wird. Wiederholen Sie die Berührungen mindestens dreimal, und behandeln Sie die rechte und die linke Körperhälfte gleichermaßen.
> Bei Babys ist Massage eher ein zartes Streicheln als ein tiefgreifendes, kraftvolles Kneten der Muskulatur. Dennoch können Sie Druckstärke und Tempo der Handbewegungen durchaus variieren.

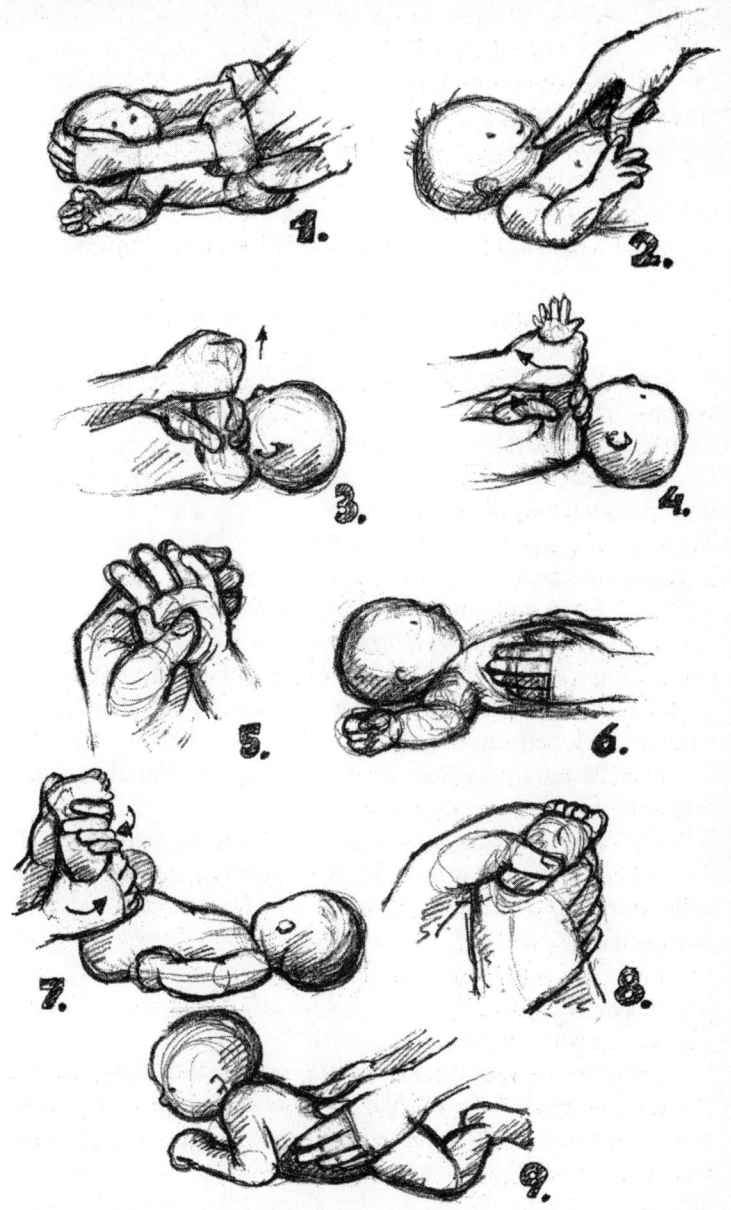

Brauchen Sie Massageöl?

Öl ist nicht immer notwendig. Wenn Sie dennoch nicht darauf verzichten möchten, so wählen Sie ein kaltgepreßtes Öl, das Sie lauwarm in ein bereitstehendes Schälchen gießen. Empfehlenswert sind u. a. Oliven-, Mandel-, Aprikosen-, Senf-, Kokos- oder Johanniskrautöl. Es gibt auch fertige Baby- und Kinderöle zu kaufen (sie sollten möglichst nicht parfümiert sein).

Kopf und Gesicht Abb. 1 und 2:

Umfangen Sie mit Ihren Händen sanft den Kopf des Babys, und lassen Sie Ihre Handflächen eine Weile auf seinem Schädeldach ruhen. Anschließend streichen Sie mit beiden Handflächen mehrmals abwärts bis zum Kinn (Abb. 1). Legen Sie Ihre Fingerspitzen auf Babys Stirn, und streichen Sie von der Mitte zu den Schläfen.

Beide Daumen streichen nun seitlich an der Nase entlang Richtung Stirn und wieder abwärts Richtung Mundwinkel, so daß diese leicht in die Breite gezogen werden. Oder Sie legen je einen Finger jeder Hand auf den Nasenrücken und streichen über die Wangen Richtung Ohren. Fahren Sie mit den Fingerspitzen die Konturen der Ohren nach. Vielleicht beziehen Sie auch den Mund in die Massage ein und umzeichnen mit einer Fingerspitze die Form des Mundes (Abb. 2).

Viele Babys mögen allerdings keine Gesichtsmassage. In diesem Falle reicht dann die bloße Berührung des Oberkopfes mit beiden Händen und das Ruhen der Handflächen auf dem Scheitelpunkt.

Arme Abb. 3 und 4:

Umschließen Sie den Oberarm des Kindes ringförmig mit einer Hand, und streichen Sie von der Schulter abwärts bis zum Handgelenk. Anschließend arbeiten Sie mit beiden Händen. Ihre Hände bewegen sich gegeneinander vom Oberarm des Kindes bis zum Handgelenk (zarte „Wringbewegung", vgl. Abb. 4).

Hände Abb. 5:

Streichen Sie mit Ihrem Daumen über die Innenfläche der Babyhand. Sie können auch die Fingerchen des Kindes immer wieder vorsichtig entfalten und eines nach dem anderen behutsam ausstreichen.

Brust und Bauch Abb. 6:

Massieren Sie von der Brustmitte mit beiden Handflächen zu den Rippen hin, als wollten Sie die Seiten eines Buches glätten. Streichen Sie mit den Fingerspitzen um den Bauchnabel herum und zwar – dem Darmverlauf folgend – im Uhrzeigersinn. Diese Massage wirkt gegen Verstopfung und Blähungen (hier empfiehlt sich die Anwendung von Kümmelöl).

Beine Abb. 7:

Umschließen Sie den Oberschenkel des Kindes ringförmig mit einer Hand, und streichen Sie das Bein hinab Richtung Fußgelenk. Anschließend arbeiten Ihre Hände gegengleich, indem sie gegeneinander in verschiedene Richtungen gedreht werden („Wringbewegung"). Beginnen Sie dabei wieder am Oberschenkel, und beenden Sie die Abwärtsbewegung der Hände am Fußgelenk des Kindes.

Füße Abb. 8:

Fahren Sie mit Ihrem Daumen oder den Fingerspitzen immer wieder die Fußsohle entlang, und zwar von der Ferse zu den Zehen hin.

Rücken Abb. 9:

Drehen Sie Ihr Kind nun in die Bauchlage. Streichen Sie mit beiden Händen vom Nacken des Babys abwärts bis zum Po, wobei Sie nicht auf der Wirbelsäule, sondern rechts und links neben den Wirbeln herunter gleiten. Sie können anschließend auch den Po – ruhig etwas kräftiger – schütteln oder kneten. Wiederholen Sie das Abwärtsstreichen mit nur einer Hand, während die andere Hand auf der Pobacke ruht.

Eine wichtige Geste am Schluß:

Streichen Sie abschließend mit einer ruhigen, großzügigen Bewegung vom Kopf hinunter bis zu den Zehenspitzen. Am Ende der Massage werden Sie dem Baby sicherlich noch einmal Ihre Liebe ausdrücken, sei es durch ein Wort, sei es durch einen zärtlichen Blick, eine besondere Geste oder ein Küßchen.

Hüpfen, halten, wiegen:
Weinende Babys spielend beruhigen

Weinende Babys können junge Eltern manchmal zur Verzweiflung treiben. Nicht immer wissen wir auf Anhieb, was dem Kind fehlt. Das macht uns hilflos. Das Baby scheint dagegen gar nicht zu ermüden. Es schreit in ohrenbetäubender Lautstärke. Gleich stellen sich die Eltern viele Fragen: Ist das Kind beim Stillen nicht satt geworden? Hat es Blähungen? Ist es überreizt und müde? Fühlt es sich einsam?

Das Schreien ist eine Sprache, mit der ein Winzling all seiner Hilflosigkeit Luft machen kann. Manchmal braucht er das Schreien, um innere Spannungen abzubauen. Tatsächlich können wir beobachten, daß Babys mit zunehmendem Alter weniger schreien, weil sie nämlich immer mehr an ihrer Umwelt teilhaben können, aktiver werden und mit vielen interessanten Dingen beschäftigt sind.

Darüber hinaus kann man immer wieder feststellen, daß sich Babys beruhigen, wenn man sie dicht am Körper trägt. In Kulturen, die Babys ständig in Tragetüchern mit sich führen, schreien Babys weniger als bei uns. Nähe und Bewegung wirken beruhigend.

Das Schreien als Sprache verstehen
Es bleibt den Eltern gar nichts anderes übrig, als auszuprobieren, auf welche Weise sich ihr Baby am besten beruhigen läßt. Im Laufe der Zeit sind sie fähig, anhand der Tonlage und der Körpersprache des Kindes zu verstehen, was ihm gerade fehlt. So können viele Eltern z.B. einen Schmerz-Schrei von einem Hunger-Schrei oder einem Müdigkeits-Weinen unterscheiden und entsprechend darauf reagieren. Allerdings ist das nicht immer möglich. Trotz bester Absicht stehen viele Eltern ratlos vor dem kleinen Schreihals. Darum gilt: Bloß nicht verzweifeln. Sie haben nicht gleich als Eltern versagt, nur weil ihr Baby häufig schreit und sich nicht beruhigen läßt. Manchmal hat die Hilflosigkeit der Eltern auch mit ihrer verständlichen Überlastung zu tun. Immerhin ist alles neu. Sie müssen sich erst auf den neuen Erdenbürger einstellen. Deshalb gilt: Gelassen bleiben und Partner, Großeltern und Babysitter gegebenenfalls um Unterstützung bitten. Gönnen Sie sich Entspannungspausen. So können Sie neue Energien tanken, und das kommt auch dem Baby zugute.

Bei sogenannten „Schreikindern", die extrem häufig und lange schreien und sich nicht beruhigen lassen, können Kinderärzte und Beratungsstellen weiterhelfen!

Hüpfen auf dem Ball

Setzen Sie sich mit dem schreienden Baby zusammen auf einen großen Gummiball (ideal ist der grüne Ball aus der „Petzi-Serie", den viele Mütter noch aus ihrem Geburtsvorbereitungskurs kennen). Ersatzweise können Sie sich auch mit einem weichen Sofa, Bett oder einer anderen weich gefederten Unterlage helfen. Hüpfen Sie nun mit kleinen Bewegungen auf und ab. Viele Babys beruhigen sich auf diese Weise oder schlafen sogar während des Hüpfens ein, so daß man sie direkt in Bett oder Wiege umbetten kann. Natürlich gibt es auch ganz pfiffige Kerle, die gleich wieder aufwachen. Dann würde das Hüpfspiel gleich von vorn beginnen.

Bauchtanz

Neben dem Hüpfen kann auch Beckenkreisen sehr beruhigend wirken. Wieder sitzen Sie zusammen mit dem Baby auf dem Ball. Nun wiegen Sie Ihre Hüften hin und her oder lassen sie kreisen. Wichtig ist hier die gefühlvolle, gleichbleibende Bewegung.

> **Tip**
> Ganz junge Babys sollten sich beim Hüpfen unbedingt rückwärts an die Brust von Mutter oder Vater lehnen können. Fällt diese Haltung schwer, denn legen Sie das Kind an bzw. über Ihre Schulter!

Schaukeln, fahren, Körpertragen

Unruhige Kinder, die viel schreien, lassen sich durch Tragen am Körper beruhigen. Haben Sie das Baby – auch bei alltäglichen Verrichtungen – bei sich, z. B. in einem Tragetuch oder Tragesack.

Auch Fahrten im Auto, Spaziergänge mit dem Kinderwagen oder Schaukeln in Wiege oder Schaukelstuhl lassen meist schnell das Schreien verstummen und tragen zu einer ausgeglichenen Stimmungslage bei. Viele Babys schlummern sanft ein, wenn sie gleichmäßig bewegt werden.

Wenn Hände beruhigen

Viele Babys beruhigen sich durch Berührungen und Massagen, da die Hautstimulation Geborgenheit vermittelt und zur Entspannung beiträgt. Sollten Blähungen die Ursache für das Weinen sein, so können Sie dem Kind helfen, indem Sie wenige Tropfen Kümmelöl (Apotheke) auf den Bauch des Babys gießen und mit den Fingerspitzen um den Bauchnabel herum mit kreisenden Bewegungen im Uhrzeigersinn massieren.

Komm mal auf den Arm!

Viele Menschen nehmen spontan ein weinendes Baby aus der Rückenlage hoch und bringen es in eine aufrechte Haltung. Manchmal ist es auch hilfreich – besonders wenn Blähungen die Ursache des Schreiens sind – das Kind über die Schulter oder über den eigenen Oberschenkel zu legen. Der somit erzeugte Druck auf den Bauch läßt Gase entweichen.

Ruhe oder Anregung?

Ist das Baby überreizt? War der Alltag in der Familie vielleicht zu hektisch? Hier helfen Ruhepausen und Ruhezeiten: ein ruhiger Raum, eine vertraute, beruhigende Stimme, eine Spieluhr, die ein Schlaflied singt, eine Wiege oder das Schaukeln auf Mutters oder Vaters Arm.

Andererseits gibt es auch Babys, die aus Langeweile und Einsamkeit weinen. Sie möchten eine abwechslungsreiche Umgebung, anstatt nur irgendwo eingepackt und hingelegt zu werden, während in der Familie das Leben pulsiert und viele aufregende Dinge geschehen. Solche Babys werden schnell zu zufriedenen Beobachtern, wenn man sie direkt am alltäglichen Geschehen teilhaben läßt.

Erkennen Sie die Bedürfnisse Ihres Babys!

Singsang und Geräusche

Wiegenlieder und Spieluhrenklänge bringen kleine Schreihälse zur Ruhe. Manche Babys beruhigen sich auch bei bestimmten Geräuschen. Hier reicht die Palette vom Uhrticken über raschelnde Blätter, Wassergeräusche bis hin zu Haushaltsgeräten. Welche Vorliebe hat Ihr Baby?

Das Pendel

Tick-tack, tick-tack
schwingt das Pendel
sanft im Takt.

Stil-le, stil-le,
der Mond
trägt eine Brille.

Schla-fe, schla-fe,
der Hirt, der hüt´
die Schafe.

Träu-me, träu-me,
der Wind weht durch
die Bäume

Lei-se, lei-se,
das Meer singt
eine Weise.

Nehmen Sie das Kind auf den Arm und stellten Sie sich mit ihm in die Nähe einer langsam tickenden Uhr. Schaukeln Sie langsam hin und her, und sprechen Sie den Vers dazu.

Sie können das Pendelspiel auch ohne Uhr spielen, indem Sie lediglich Ihre Stimme einsetzen.

(B. Wilmes-Mielenhausen)

Suse, liebe Suse

Suse, liebe Suse,
was raschelt im Stroh?
Die Gänschen gehen barfuß
Und haben keine Schuh.
Der Schuster hats´s Leder,

Singen Sie den Vers und wiegen Sie das Kind behutsam hin und her.

keine Leisten dazu.
Drum gehen die Gänschen barfuß,
ohne Strümpfe und Schuh. *(überliefert)*

Auf Weinen sofort reagieren?
Je jünger das Kind ist, desto **schneller** sollten Sie reagieren. So lernt das Kind, daß es verstanden und geliebt wird. In den ersten Lebensmonaten gilt selbstverständlich: **alle Bedürfnisse gleich befriedigen!**

Mit zunehmendem Alter darf dann ruhig ein bißchen Zeit vergehen, bis eine Reaktion seitens der Eltern erfolgt.

Ein Baby muß übrigens nicht immer gleich aus dem Bettchen genommen werden, wenn es weint. Manchmal reicht es, wenn man ihm etwas zuruft, es mit beruhigenden Worten anspricht, die Wiege hin und her schaukelt. Weint ein Baby vor dem Einschlafen aus Müdigkeit, so kann ein schnelles, wiederholtes Hochnehmen dazu führen, daß es immer wieder munter wird und nur schwer in den Schlaf findet. Babys sollen von sich aus in den Schlaf hinübergleiten.

Die Engelchen werden geschaukelt: Wiegespiele

Schaukeln und wiegen sind natürliche Bewegungen, die ein Kind bereits im Mutterleib erfährt. Die gleichmäßigen Bewegungen sprechen den Gleichgewichtssinn an, beeinflussen die inneren Organe positiv und tragen zu einer ausgeglichenen Stimmungslage bei.

Ein altbekanntes Hilfsmittel zum Wiegen und Schaukeln ist die Babywiege.

Aber auch ohne sie kann die positive Wirkung des Schaukelns durch verschiedene Bewegungsspiele erreicht werden, die dem Baby meist großen Spaß machen.

> **Bitte beachten:**
> Die folgenden Spiele sind etwa ab der **6. Lebenswoche** des Babys geeignet. Beobachten Sie aufmerksam die Reaktionen des Kindes. Achten Sie besonders auf die Kopfhaltung! Ganz junge Kinder können den Kopf nur für kurze Zeit selbständig halten.

Das Pendelspiel

Nehmen Sie Ihr Baby über die Seite hoch, und halten Sie es aufrecht, so daß Ihre Hände den Oberkörper des Kindes fest umschließen. Neigen Sie nun Ihr Baby ganz langsam von einer Seite über die Mitte zur anderen Seite oder bewegen Sie es sanft vor und zurück. Aber bitte nur so lange, wie Ihr Kind seinen Kopf allein zu halten vermag. Begleiten Sie das Pendeln mit einem kleinen Spruch:

Meine Uhr macht tick-tack, tick-tack,
immer wieder tick-tack, tick-tack,
und wenn sie abends müde wird,
dann bleibt sie einfach stehn.

(B. Wilmes-Mielenhausen)

Beinwiege

Setzen Sie sich im Schneidersitz auf den Boden. Legen Sie das Baby – eventuell mit einem Kissen als Unterlage – auf Ihre Unterarme, und schaukeln Sie von einer Gesäßhälfte auf die andere. Bei älteren Babys und bei guter körperlicher Beweglichkeit können Sie das Kind auch auf Ihre Oberschenkel legen. Konzentrieren Sie sich während der Bewegungen auf Ihren eigenen Atemrhythmus. Wie von selbst wird sich Ihr Atem der beruhigenden Schaukelbewegung anpassen, und möglicherweise werden auch Sie selbst dabei ein Gefühl von Ruhe, Entspannung und Wohlbehagen erleben.

Variation:

Lehnen Sie sich mit dem Rücken bequem gegen eine Wand oder ein dickes Polsterkissen bzw. an einen großen Pezziball. Vielleicht führen Sie dieses Spiel auch einfach im großen Elternbett aus: Winkeln Sie die Beine an, und stellen Sie die Füße auf die Unterlage. Legen Sie den Säugling gegen Ihre Oberschenkel, so daß Sie sich gegenseitig anblicken können. Die Beine des Kindes liegen auf Ihrem Bauch. Bewegen Sie nun Ihre Beine vorsichtig in gleichbleibendem Rhythmus hin und her, oder heben und senken Sie Ihre Fersen, so daß eine leichte Auf- und Abwärtsbewegung entsteht. In dieser Position können Sie Ihrem Baby gut etwas vorsingen bzw. erzählen. Da Sie es direkt anschauen, werden Sie seine Reaktionen besonders gut wahrnehmen können.

> **Welche Bewegungen mag Ihr Baby?**
> Babys mögen langsame, rhythmische Bewegungen. Dabei ist dem Kind besonders das Auf und Ab aus dem Mutterleib vertraut. Beobachten Sie das Baby aufmerksam! Welche Bewegungen bevorzugt es?
> Hin und her? Vor und zurück? Auf und ab? Halbe oder viertel Drehung nach rechts oder links?

Wir wandern, wir wandern

Braucht Ihr Kind gleichmäßige Bewegungen, um sich zu beruhigen und vielleicht in den Schlaf zu finden?

Gehen Sie mit Ihrem Kind in der Wohnung oder im Garten spazieren. Nehmen Sie es auf den Arm (vgl. Tragehaltungen am Ende dieses Kapitels) oder verwenden Sie ein Tuch oder einen Sack als Tragehilfe. Bewegen Sie sich langsam und bewußt. Sie werden dabei unter Umständen feststellen, daß dieses gleichförmige Gehen nicht nur das Baby beruhigt, sondern sich auch positiv auf Ihre eigene Gefühlsverfassung auswirkt. Gehen Sie schweigend oder summen Sie eine Melodie! Ich selbst kann mich noch sehr gut daran erinnern, daß ich mit unserem damals erst wenige Wochen alten Sohn Lucas ganze Märsche im Hausbereich zurückgelegt habe, wobei er sich immer recht schnell beruhigte und oft dabei einschlief.

> **Tip für Schwangere**
> Bereits in der Schwangerschaft sollte sich die Mutter so viel wie möglich bewegen und längere Phasen des Stilliegens vermeiden. Bewegungen beeinflussen das kindliche Gleichgewichtssystem und wirken sich positiv auf die spätere Gehirnentwicklung und die Verarbeitung von Sinneseindrücken aus.

Die Engelchen werden geschaukelt

Besitzen Sie einen Schaukelstuhl oder einen Drehstuhl? Solche und ähnliche Sitzgelegenheiten können zur wirksamen Beruhigungs- und Einschlafhilfe werden, wenn Sie sich mit Ihrem Kind gemütlich darauf niederlassen und langsame Bewegungen ausführen.

Haben Sie eine Gartenschaukel, auf die Sie sich mit Ihrem Baby setzen können? Schaukelhilfen lassen sich auch gut selber bauen, z.B. indem Sie an die Griffe Ihrer Baby-Tragetasche oder an einem Wäschekorb Seile fest verknoten und diese am dicken Ast eines Gartenbaumes, an einer Turnstange oder an eigens eingeschraubten Haken im Türrahmen befestigen.

Wichtig ist dabei die absolute Kippsicherheit! Die Entfernung zum Boden sollte nicht mehr als 30 cm betragen. Lassen Sie das Kind nicht unbeaufsichtigt in dem Körbchen liegen.

Ältere Kinder (ab etwa einem Jahr) kann man auch in einer Wolldecke schaukeln, wobei zwei Erwachsene jeweils zwei Enden der Decke festhalten und das Kind vorsichtig hin und her wiegen.

Die Engelchen

Die Engelchen werden geschaukelt ...

Die Äpfelchen werden gerüttelt, geschüttelt ...

Die Kinder, die werden geschuckelt, geruckelt ...

Kling, klang, Glockenklang:
kleine Ohren schalten auf Empfang

Poch, poch, machte Mutters Herz. Aus dem Mutterleib kennt das Baby den gleichmäßigen Rhythmus des Herzschlags. Ganz richtig tragen viele Mütter ihr Baby auf dem linken Arm, in Herzhöhe, denn Babys erleben den aus der vorgeburtlichen Zeit vertrauten Herzschlag als beruhigend und behaglich. Doch es gibt auch andere Möglichkeiten, den gewohnten Herzschlag nachzuempfinden und daraus kleine Beruhigungs- und Schmusespiele zu entwickeln.

Tick-tack

Besitzen Sie vielleicht eine alte Pendeluhr? Nehmen Sie das Baby in einer bequemen Tragehaltung auf den Arm. Schaukeln Sie nun – entsprechend dem Pendelschlag – von einem Bein auf das andere. Wenn Sie keine Pendeluhr besitzen, so kann auch eine laut tickende Küchenuhr oder ein Wecker als Ersatz dienen. Wichtig sind allerdings langsame Geräusche, da eine zu rasche Schlagfolge gegenteilige Effekte erzielt und nicht beruhigt, sondern ängstlich und unruhig macht.

Sind Sie MusikliebhaberIn? Dann besitzen Sie möglicherweise ein Metronom. Stellen Sie das Gerät auf fünfzig bis maximal neunzig Schläge ein, und beobachten Sie die beruhigende Wirkung des tickenden Geräusches auf Ihr Kind.

Oder Sie wählen die eigene Stimme als „Klanginstrument": Begleiten Sie den Wiegeschritt bzw. die Schaukelbewegungen mit einem leisen „tick-tack", „tick-tack" oder wählen Sie andere Silben, die Ihnen vielleicht ganz spontan einfallen.

In einer Studie fand man heraus, daß Babys, denen häufiger die Aufnahme von Herzgeräuschen vorgespielt wurde, darauf besser schliefen, weniger weinten und an Gewicht zunahmen.

> **Tip für Schwangere:**
> Mögen Sie Musik? Dann gehen Sie auf die Suche nach geeigneten Musikstücken für Mutter und Kind. Geeignet ist

eine langsame, beruhigende Musik zum Träumen. Verbinden Sie das Musikhören mit Schaukelbewegungen (Schaukelstuhl, Gymnastikball), oder üben Sie Bauchtanz. Bereits beim Ungeborenen wird auf diese Weise das Gleichgewichtssystem angesprochen, und das wiederum hat eine enge Beziehung zum Gefühlsleben.

Mit Händen und Füßen: Erste Bewegungsspiele

Diese ersten Bewegungsspiele greifen natürliche Reflexe auf und beziehen sie in ein Spiel ein. Die Ideen können etwa ab der 6. Lebenswoche des Kindes ausprobiert werden. Beobachten Sie ihr Kind aufmerksam! Machen ihm die Spiele Spaß? Überfordern Sie Ihr Kind nicht. Sollte sich das Baby abwenden, unterbrechen Sie das Spiel!

"Das Kriechspiel"

Üben Sie, während das Baby auf dem Bauch liegt, einen leichten Druck gegen seine Fußsohlen aus. Es stößt sich ruckweise nach vorn und hebt den Kopf taumelnd für ganz kurze Zeit an. Führen Sie dieses Spiel auch in Rückenlage des Babys aus. Bei Gegendruck mit den Händen des Erwachsenen gegen die Fußsohlen des Kindes wird dieses möglicherweise seine Beinchen rhythmisch beugen und strecken. Beobachten Sie Ihr Kind! Ist dieser Reflex noch vorhanden oder bereits als Folge seiner Weiterentwicklung erloschen?

"Das Guten-Tag-Spiel"

Berühren wir die Handinnenfläche der Babyhand mit unserem Finger, so wird der Handgreifreflex ausgelöst. Das Kind spürt die Berührung und hält den Finger des Erwachsenen fest. Nun können wir unsere eigene Hand vorsichtig hin und her bzw. auf und ab bewegen und dem Kind „Guten Tag" sagen. Natürlich werden Sie das Spiel auch an der anderen Hand des Babys probieren.

Öffnen-Schließen, Festhalten-Loslassen

Auf ähnliche Weise kann auch der Reflex des Handöffnens ausgelöst werden: Berühren Sie den Handrücken und/oder die Handaußenkanten. Das Baby wird vielleicht die Fäustchenstellung kurz aufgeben und die jeweilige Hand öffnen. Auch daraus kann sich ein Spiel entwickeln. Wenn Sie dem Kleinen nun etwas in die geöffnete Hand legen (z.B. ein Stück Fell oder eine Rassel) wird es vermutlich diese Dinge reflexhaft festhalten. Dieses Reflexverhalten verliert sich allerdings sehr schnell wieder und unterscheidet sich selbstverständlich vom gezielten Zugreifen älterer Babys.

Kopfheben will geübt sein

Das Heben und Halten des Kopfes (vor allem in Bauchlage) ist ein grundlegender Baustein der Bewegungsentwicklung. Sie können die Tendenz zum Kopfhalten und die Übungsversuche des Babys durch folgende Spiele unterstützen:
- indem Sie das Kind bäuchlings auf den Wickeltisch legen und es frontal ansprechen
- oder indem Sie sich vor Ihrem Baby auf dem Bauch auf die Erde legen und ihm etwas erzählen,
- vielleicht ruht Ihr Kind auch für kurze Zeit auf Ihren Oberschenkeln, während Sie auf dem Boden oder auf einem Sofa sitzen (nicht für ganz junge Babys).

Strampelfußball

Auf einem großen Wickeltisch oder auf dem Boden spielen:
Kaufen Sie Ihrem Baby einen Wasserball, und befestigen Sie eine dünne Schnur am Ventil dieses vielseitigen Bewegungsspielzeugs. Nun legen Sie eine Hand unter den Kinderpo, während Ihre andere Hand die Schnur mit dem Ball festhält. Placieren Sie die Hand, welche den Po stützt, so, daß die Beine des Babys den Boden verlassen und die Fußsohlen den Wasserball berühren. Das Baby wird zunächst reflexbedingt, später

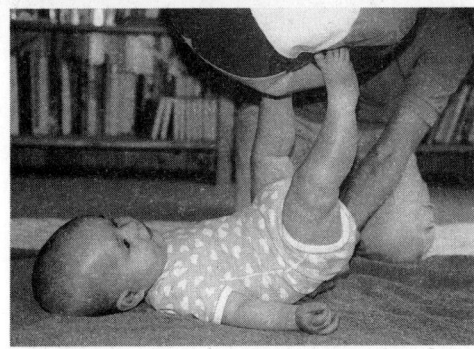

„Tor!-Tor!" Die Berührung zwischen Fußsohlen und Ball löst reflexbedingtes Strampeln aus, das später in bewußte Bewegungen übergeht.

bewußt und gezielt danach treten, lebhaft strampeln und auch den ganzen Körper in diesen Bewegungsspaß einbeziehen. Damit mehrere Sinne gleichzeitig angesprochen werden, sollte auch das Gehör nicht zu kurz kommen. Befestigen Sie ein Glöckchen an der Schnur, bzw. begleiten Sie das Bewegungsspiel mit kräftigen „Tor!-Tor!"-Rufen.

Rutschpartie auf dem Ball

Dieses Spiel spricht den Gleichgewichtssinn an, da das Kind seine Balance auf dem Ball bei jeder Rollbewegung jeweils aufs neue finden muß. Legen Sie den kleinen Turner mit dem Bauch bzw. der Brust auf den Wasserball, und halten Sie ihn von hinten, indem Sie Ihre Hände unterhalb der Arme wie einen Ring um seinen Brustkorb legen. Die Babyfüße berühren leicht den Boden, ohne daß sie das Kind mit seinem ganzen Gewicht tragen. Das Erspüren des Bodens mit den Füßen löst einen Reflex aus: Das Kind stößt sich ab, und der Erwachsene paßt sich an, indem er den Ball im Rhythmus des Babys hin und her bewegt. Nach den ersten Monaten verliert sich das reflektorische Abstoßen wieder. Dennoch haben auch ältere Säuglinge Freude an diesem Spiel und gestalten es in anderen Variationen.

Damit sich auch hier wieder Tast-, Bewegungs- und Gleichgewichtserfahrung mit einem Hörerlebnis verbinden, singen Sie doch bei der Rutschpartie ein kleines Lied, oder sprechen

*„Hin-her, hin-her ...
das Rollen fällt mir
gar nicht schwer."
Die Rutschpartie
verbindet Reflexverhalten, Bewegungs-
und Gleichgewichtssinn.*

Sie einen Vers, den Sie möglichst bei jedem Spieldurchgang wiederholen sollten. Bleiben Sie bei diesem einen Vers!

> **Das Babyfell hilft**
> Nicht immer ist der Kunststoffball eine angenehme Tasterfahrung. Sie können auch ein warmes, rutschfestes Babyfell auf den Wasserball legen.

Mit den Augen verfolgen

Für das Baby übt das menschliche Gesicht – besonders wenn es lächelt – meist eine größere Faszination aus als Gegenstände. Nähern Sie sich Ihrem Kind auf 20–30 cm, sprechen Sie mit ihm, und bewegen Sie dann Ihren Kopf langsam von einer zur anderen Seite. Das Baby wird dann vielleicht versuchen, Ihr Gesicht nicht aus den Augen zu verlieren, und es bewegt womöglich seine Augen ein kleines Stück Richtung Augenwinkel und zurück. Später wendet es sogar den Kopf zur jeweiligen Seite.

Anschließend können Sie auch ein Spielzeug an einem Band langsam vor dem Gesicht des Kindes von einer Seite zur anderen führen.

> **Extratip: Die Spielzeugschnur**
> Soll sich das Baby allein beschäftigen? Dann legen Sie es auf eine Decke auf den Boden, stellen rechts und links vom Kind jeweils einen Stuhl hin und spannen zwischen den beiden Stühlen eine Schnur. Nun befestigen sie ein Spielzeug oder einen leichten Haushaltsgegenstand (z. B. Plastiklöffel, kleiner Spiegel mit Öse, farbiger Waschlappen) mit Hilfe eines Bandes an dieser Schnur. Viele Babys betrachten das bewegliche Ding ganz ausgiebig und patschen – zunächst noch zufällig, später jedoch gezielt – danach. Man kann diese Schnur übrigens auch in Kopfhöhe über dem Bett des Kindes spannen.

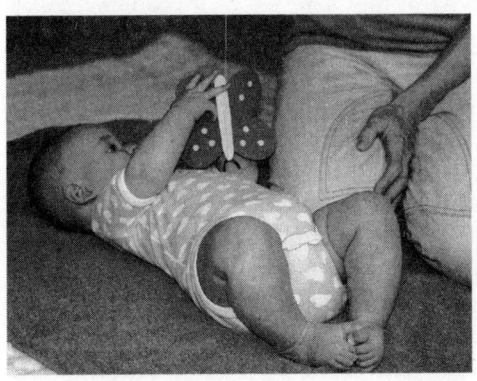

Spielgegenstände werden nicht nur mit den Augen verfolgt, sondern zusehends auch betastet.

Warm und naß: Ein allererster Badespaß

Die meisten Babys baden gern und reagieren sogar mit Protestgeschrei, wenn man sie wieder aus dem Wasser hebt. Sie genießen das angenehm warme Naß und das Gefühl, halb schwebend gehalten zu werden. Der Körper wird leicht, das Baby kann ohne große Mühe die Lage verändern und das Strampeln erzeugt lustiges Plätschern. Natürlich werden Sie das Baby sicher halten und es mit ihrem Arm unterstützen.

Das Wellenspiel

Das Baby liegt mit dem Rücken auf Ihrem Unterarm, während Ihre Hand den Oberarm des Kindes umfaßt. Die Hand Ihres anderen Arms legen Sie unter den Po des kleinen Schwimmers. Heben Sie nun das Baby ein kleines Stück aus dem Wasser, und lassen Sie es im nächsten Augenblick wieder vorsichtig eintauchen. Stellen Sie sich dabei eine große Welle vor, die langsam auf und nieder geht.

Bewegen Sie das Kind im Wasser ebenso hin und her, d. h. vom Kopf- zum Fußende der Badewanne und wieder zurück.

Wiederholen Sie dieses Bewegungsspiel auch in Bauchlage, wobei das Baby nun mit der Brust auf Ihrem Unterarm liegt. Die Hand des anderen Arms hält Knie bzw. Oberschenkel. *(bereits für Neugeborene)*

Ein kleiner Wasserfall

Bilden Sie mit einer Hand eine Schaufel, und schöpfen Sie Wasser über Hinterkopf, Rücken und Brust des Kindes.
Mit einem Joghurtbecher geht es auch.

Haben Sie eine Plastiktüte zur Hand? Schneiden Sie eine winzige Ecke der Tüte ab und füllen Sie lauwarmes Wasser hinein. Lassen Sie den dünnen Strahl über Babys Körper laufen. Beobachten Sie die Reaktionen des Kindes aufmerksam! Nicht alle Kinder mögen diese Mini-Dusche. Andere sind davon begeistert.

Ein Bad zu zweit

Gerade im warmen Wasser läßt es sich so richtig schön kuscheln und schmusen.

Legen Sie sich das Baby während Ihres eigenen Badens auf

die Brust, und schütten Sie mit einem Becher warmes Wasser über seinen Rücken. Wiegen Sie sich im Wasser hin und her oder auf und ab.

> **Wenn ihr Kind nicht gern baden sollte**
> Manchmal mögen Babys es nicht, in der Badewanne gebadet zu werden. In diesem Falle hilft bloßes Waschen auf dem Wickeltisch oder Abwaschen unter fließendem Wasser.

So gehen wir spazieren: Tragehaltungen, Tragehilfen

In vielen Völkern werden Babys ganz selbstverständlich während der Arbeit auf dem Rücken oder auf der Hüfte getragen. Dabei gehen die Bewegungen der Mutter auf den Säugling über, regen an, beruhigen, vermitteln ihm das Gefühl von körperlicher Nähe und Berührungsbehaglichkeit.

Besonders bei unruhigen, überaktiven Kindern bzw. bei sogenannten „Vielschreiern" kann das Halten und Tragen am Körper die Häufigkeit und Dauer des Schreiens reduzieren und zu einer ausgeglichenen Stimmungslage beitragen. Auch bei älteren Kindern, die längst auf ihren eigenen Beinen stehen und bereits ein Stück Selbständigkeit entwickelt haben, kann in gewissen Situationen das Festhalten und Tragen (z. B. bei Müdigkeit, Krankheit, Überreizung, Konflikten etc.) die Konzentration und Besinnung auf den eigenen inneren „Ruhepunkt" erleichtern.

Wählen Sie unter den beschriebenen Tragehaltungen eine Haltung aus, die dem Alter des Kindes, seinem Entwicklungsstand und seinen Vorlieben entspricht.

> **Das Baby über die Seite hochnehmen**
> Wenn das Baby auf dem Rücken vor uns liegt, umgreifen wir seinen Rumpf mit beiden Händen, drehen es auf die Seite und nehmen es hoch. So kann das Baby schon von Anfang an sein Köpfchen halten.

> Achten Sie darauf, das Kind nicht immer über die gleiche Seite hochzunehmen, sondern die Seite zu wechseln. Dies ist für eine allseitige Entwicklung von Vorteil.

Für Neugeborene:

- **Tragen an/über der Schulter Abb. 1**

Schon Neugeborene lieben immer wieder die aufrechte Haltung. Legen Sie Ihr Kind abwechselnd an die rechte bzw. die linke Schulter, und lassen Sie es über die jeweilige Schulter hinweg in den Raum blicken. Stützen Sie es dabei an den Schulterblättern bzw. im Nacken leicht ab. Manche Babys kuscheln sich auch mit ihrer Wange seitlich an die Schulter von Vater oder Mutter und schlafen dabei friedlich ein.

- **Tragen in Rückenlage Abb. 2**

Diese Lage des Kindes ist Ihnen sicherlich vom Stillen her vertraut. In dieser Haltung ist ein guter Blickkontakt möglich.

- **„Schmusetragen" Abb. 3**

Halten Sie Ihr Baby aufrecht vor sich, während Sie es an Po, Rücken und Hals abstützen. Bereits Neugeborene zeigen in dieser Haltestellung optimale Aufmerksamkeit. Das Baby sieht die Mutter/den Vater an. Ihr/sein Gesicht wird zum „biologischen Spiegel". Eine gute Ausgangsbasis für zärtliche Schmusegespräche und ein Zustand optimalen Gleichgewichts.

Für Babys, die schon interessiert die Umwelt beobachten:

- **Sitzendes Tragen vor dem Bauch Abb. 4**

Diese Tragehaltung ermöglicht es dem Kind, in Ihre Gangrichtung zu blicken. Sie bietet eine neue und interessante Perspektive, besonders für Babys, die bereits wach und aufgeschlossen

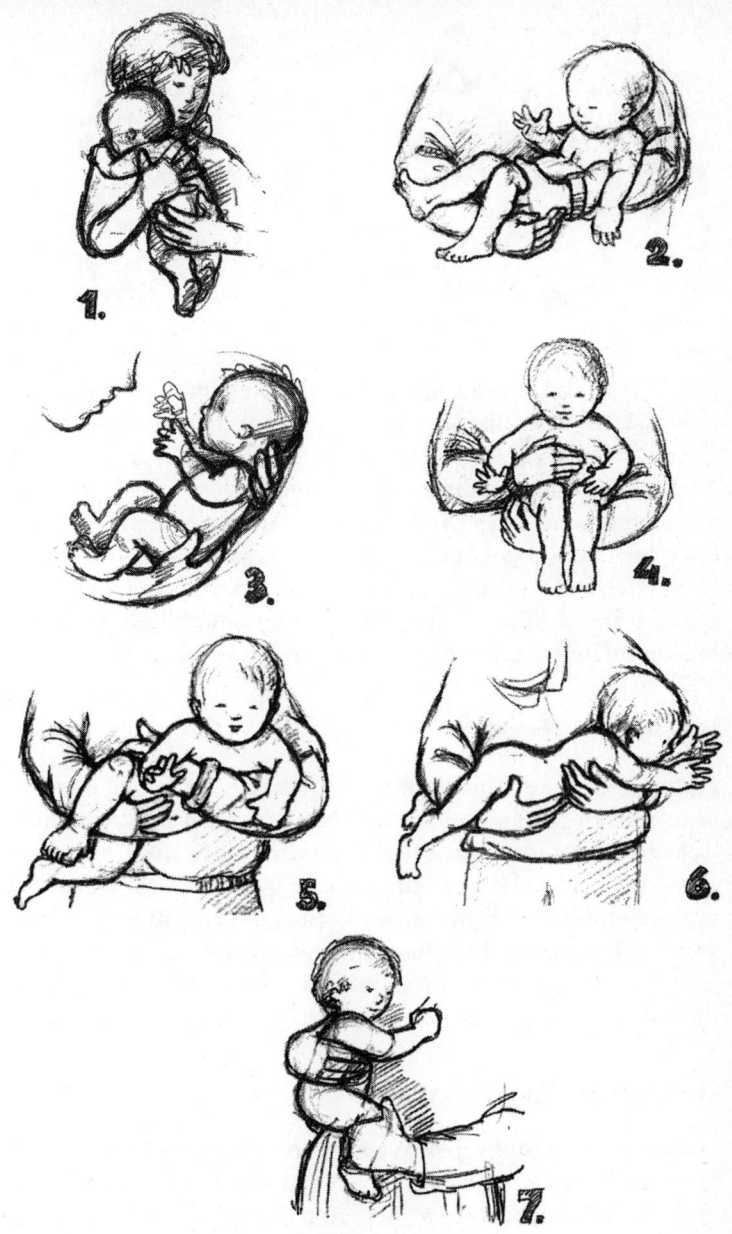

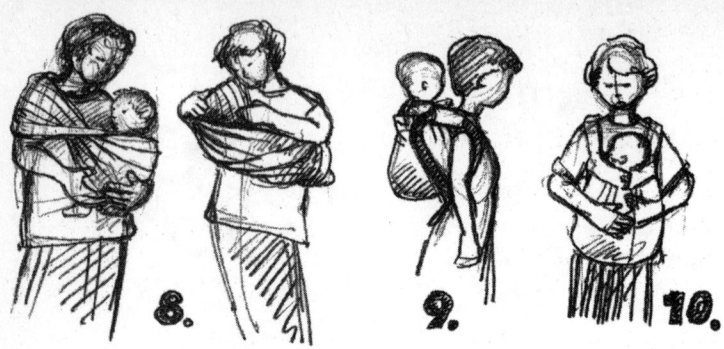

ihre Umgebung in sich aufnehmen möchten. Bei dieser Position sitzt das Kind auf Ihrem Unterarm, während sein Rücken an Ihrem Oberkörper lehnt. Dabei wird sein Rücken gestützt und die Kopfhaltung erleichtert. Sie können auch mit der Hand zwischen den Beinen des Kindes durchgreifen, wobei die Abspreizung der Oberschenkel verstärkt wird, was sich günstig auf die Beweglichkeit und Entwicklung der Hüften auswirkt.Gehen Sie mit dem Kind nun durch den Raum oder durch die ganze Wohnung und „zeigen" Sie ihm viele interessante Dinge.

- **Seitliches Tragen Abb. 5**

Beim Halten des Kindes in der Seitenlage greift der Erwachsene mit einer Hand zwischen den Beinen des Babys durch, während der andere Arm den Oberkörper des Kindes etwa in Höhe der Achselhöhlen umschließt. Auch dieses Tragespiel ermöglicht es dem Baby, seinen Kopf allein zu halten. In der ersten Lebenszeit ist die selbständige Kopfhaltung nur für wenige Sekunden möglich. Deshalb sollte diese Form des Tragens nicht zu früh beginnen!

- **Tragen in Bauchlage Abb. 6**

Wieder eine neue Perspektive, um die Umwelt zu betrachten. In dieser Stellung wird sich das Kind wiederum darin versuchen, sein Köpfchen kurze Zeit zu halten.

*Für Babys, die bereits sitzen können (ab circa zehn Monaten):
Tragen auf der Hüfte*

- **Sitzen auf der Hüfte Abb. 7**

Wenn sich Ihr Baby von selbst hinsetzen kann (etwa mit zehn Monaten) können Sie es ohne weiteres seitlich sitzend auf Ihrer Hüfte tragen.

- **Transport mit Tragehilfen Abb. 8, 9 und 10**

Damit Mutter und Vater bei längeren Wegstrecken keine müden Arme bekommen, sind für den Transport des Kindes Tragehilfen unumgänglich. Ob man sich für das klassische Tragetuch (hier ist auf festes Material und dichte Webtechnik zu achten) oder für Snugli-Tragesäcke bzw. ein Rücken-Tragegestell entscheidet, hängt nicht nur vom Alter des Kindes, sondern auch von den ganz persönlichen Vorlieben ab.

> **Auf beiden Seiten tragen!**
> Vergessen Sie nicht, daß Sie zwei Körperseiten haben. Tragen Sie Ihr Baby deshalb sowohl auf der rechten als auch auf der linken Körperseite. Das verhindert nicht nur einseitige körperliche Belastungen bei Ihnen, sondern ermöglicht auch dem Kind ein wechselseitiges Körpererleben.

Greifen und begreifen

Das zweite Vierteljahr (4–6 Monate)

Neugierig und aktiv: Das Baby entdeckt seinen Körper

Das Baby hebt mit **vier Monaten** den Kopf bis circa 90 Grad. Es streckt in Bauchlage manchmal Arme und Beine in die Luft, als wollte es schwimmen. Zieht man das Baby aus der Rückenlage zum Sitzen hoch (ein Bewegungsspiel, das man jedoch nicht zu häufig und vor allem nicht als „Training" betreiben sollte), hebt es den Kopf während des Hochziehens mit an. Die Hände spielen nun häufig miteinander, und eine Hand oder ein Spielzeug wird zum Mund geführt und damit begriffen. Wenn Eltern oder Geschwister das Baby necken, lacht es laut. Dabei nimmt der ganze Körper an diesem Ausdruck der Freude teil.

Langsam spielt die Haut in der Wahrnehmung längst keine Hauptrolle mehr. Das Baby interessiert sich zunehmend für Gegenstände in seiner Umgebung, die es für mehrere Minuten faszinieren.

Im **fünften Monat** beginnen einige Babys mit dem Üben und Vorbereiten von Drehbewegungen (z. B. vom Bauch auf den Rücken und umgekehrt). Häufig handelt es sich dabei allerdings mehr um ein Umkippen als um ein aktives Drehen. Stellt man das Baby hin, so übernimmt es für kurze Zeit sein Körpergewicht. In Rückenlage führt es eine oder beide Hände zu einem Spielzeug und berührt es. Zieht man es jetzt aus der Rückenlage zum Sitzen hoch, so beugt es Kopf, Arme und Beine dabei.

Langsam merkt das Baby an Mimik und Tonfall, wie die Eltern gestimmt sind (freundlich, streng usw.). Das Baby versteht also verschiedene Verhaltensweisen und reagiert entsprechend darauf.

Im **sechsten Monat** stützt sich das Baby in Bauchlage auf die gestreckten Arme. In Rückenlage spielt es mit seinen Füßen. Nun greift das Kind gezielt mit der ganzen Handfläche nach einem Gegenstand (gute Augen-Hand-Kontrolle). Es wechselt auch schon einen Gegenstand von einer Hand in die andere. Das Gehör verfeinert sich. Oft werden auch ganz zarte Geräusche wahrgenommen und fesseln die Aufmerksamkeit des Kindes.

Das Kind schenkt nur noch vertrauten Personen sein Lächeln, während es bei fremden Personen zurückhaltender wird. Sein Gesichtsausdruck verrät, daß es besonders fremde Gesichtszüge genau beobachtet. Erst wenn es jemand Fremdes freundlich anspricht, reagiert auch das Kind in der Regel freundlich.

Wie fühlt sich das an? Greif- und Tastspiele

Jetzt, da das Kind zunehmend sicher greifen kann, interessieren es Gegenstände, die seinen Tastsinn ansprechen. Faszinierend sind unterschiedliche Materialien und Oberflächen, besonders wenn sie beim Hantieren interessante Geräusche erzeugen. Dabei werden die Gegenstände nicht nur mit den Händen befühlt, sondern häufig auch in den Mund gesteckt. Die Mundregion ist in diesem Alter noch Quelle der Erfahrung und des Lustempfindens.

Achten Sie bei der Auswahl von Spielgegenständen darauf, daß Ihr Kind sicher dabei hantieren kann und daß die Dinge auch ruhig einmal in den Mund wandern können.

Meine Finger – deine Finger

Bieten Sie dem Baby Ihre Finger an, und lassen Sie es zugreifen und eventuell auch daran nuckeln (Geschmacks- und Tastsinn werden gleichermaßen angesprochen). Zudem interessieren sich Säuglinge, wenn sie auf dem Boden liegen, für die Füße des Erwachsenen, die sie ebenfalls begreifen wollen.

Greifringe für kleine Hände

Besorgen Sie sich aus einem Bastel- oder Gardinengeschäft hölzerne Ringe, die für Babys besonders handlich sind und sich ausgezeichnet festhalten lassen. Der Ring sollte so groß sein, daß die Babyhand bequem hinein greifen kann.

Tastsäckchen und andere weiche Sachen

Weiche Säckchen zum Greifen lassen sich mit wenigen Handgriffen herstellen:
- Füllen Sie eine Gefriertüte mit Stoffresten oder bunten Bändern und verknoten Sie die Tüte.
- Oder wählen Sie einen Waschhandschuh, in den Sie z.B. Murmeln füllen und den Sie anschließend zunähen oder zubinden.
- Auch ein Baumwollstrumpf, gefüllt mit Watte oder Schafwolle, ist ein interessantes Tasterlebnis.
- Überlassen Sie dem Baby eine Papiertüte oder ein großes Stück Seidenpapier zu fröhlichen Experimenten!
- Halten Sie einen Wasserball, an dem Sie eine Schnur befestigt haben, so über Ihr Kind, daß es ihn berühren kann. Vielleicht schlägt es mit den Armen danach, oder es versucht mit der Zeit, den ganzen Ball mit seinen Händen festzuhalten und zu betasten.
- Füllen Sie einen Luftballon mit Wasser und verknoten Sie ihn fest, ohne ihn zusätzlich aufzublasen. Viele Babys mögen es, in dieses wabbelige Ding hinein zu greifen.

Achten Sie auf Sicherheit!
Beobachten Sie Ihr Baby – auch aus Sicherheitsgründen – stets aufmerksam beim Umgang mit den verschiedenen Materialien zum Greifen und Tasten. Besondere Vorsicht gilt bei kleinen Gegenständen, bei Dingen, die flusen oder abblättern können, und bei Luftballons.

Bieten Sie dem Kind nicht zu viele Erfahrungsmöglichkeiten gleichzeitig an, und beachten Sie seine Fähigkeiten und Vorlieben!

Zeigt her eure Füße: Spiele mit Beinen und Füßen

Für Babys in diesem Alter ist der eigene Körper noch das beste Spielzeug. Viele Körperbewegungen werden unablässig und lustvoll wiederholt, so z.B. das Spiel mit nackten Händen und Füßen, begleitet von kleinen Selbstgesprächen, die aus verschiedenen Silben und Lauten zusammengesetzt sind. Sie können diese Funktionsspiele mit dem eigenen Körper durch verschiedene Hilfsmittel unterstützen:

- Legen Sie dem Baby ein Seidentuch oder eine Mullwindel über die Füße, wenn es nackt in Rückenlage auf dem Boden oder auf dem Wickeltisch liegt und die Beine in die Luft streckt.
- Stecken Sie ihm jeweils einen „Baubecher" (Babyspielzeug zum Turmbauen) auf jede Fußspitze und beobachten Sie, wie Ihr Kind diese ungewöhnlichen „Schuhe" betrachtet, anfaßt, untersucht oder in ein Strampelspiel einbezieht.
- Auch farbige Socken ermuntern das Kind zusätzlich zum Spiel mit den eigenen Beinen und Füßen. Man kann die Sockenzipfel so schön greifen und nach Herzenslust daran ziehen.

Radfahrerlied

Zeigt her eure Füße, zeigt her eure Schuh.
Und sehet den fleißigen Radfahrern zu!

1. *Sie strampeln*	Legen Sie Ihre Handflächen
2. *Sie klingeln,*	an die Fußsohlen des Babys.
3. *Sie bremsen*	Geben Sie abwechselnd einen
4. *Sie schwitzen*	ganz sanften Druck gegen
5. *Sie singen*	die Füße, so daß Ihr Baby die
	Beine wie beim Radfahren
	beugt und streckt.

Behält das Baby Fußkontakt mit Ihren Händen? Sind die Bewegungen leicht und geschmeidig, oder gibt es Widerstände? Spielt das Kind freudig mit?

Dieses Strampelspiel spielen Sie am besten auf dem Wickeltisch oder auf einer Decke am Boden:

Bimmel, bammel

Bimmel, bammel, bommel, die Katze schlägt die Trommel.

Führen Sie die gestreckten Beine Ihres Kindes abwechselnd in die Luft.

Und die kleinen Mäuse Tanzen in der Reih,

Lassen Sie Ihre Finger als Mäuse über Babys Bauch und Brust laufen.

und die ganze Erde wackelt schon dabei.

Trommeln Sie mit den Beinen des Kindes kräftig auf die Unterlage.

(überliefert)

Turnvergnügen:
Hochziehen, Hopsen, Wiegen, Rutschen

Babys haben Spaß an ihrem Körper und sie genießen es, neue Fertigkeiten immer und immer wieder zu üben. Die körperliche Entwicklung geht vom Kopf in Richtung Füße: Zunächst lernt das Kind, seine Augen bewußt einzusetzen und dann den Kopf zu drehen, um interessante Dinge verfolgen zu können. Später versucht es, Arme, Hände und Finger einzusetzen, um Gegenstände zu betasten. Schließlich lernt es, den Körper zu drehen und letztendlich Beine, Füße und später auch die Zehen bewußt zu bewegen.

Sie können diese natürliche Entwicklung durch körperbezogene Spiele unterstützen.

> **Auf Signale achten!**
> Beobachten Sie, welche Bewegungen das Kind von sich aus übt.
> Welcher Entwicklungsschritt kündigt sich an?
> Die nachfolgenden Spiele sollen kein „Training" sein, sondern eine behutsame Unterstützung.

Auf in den Sitz

Wenn Ihr Baby auf dem Rücken liegt (z. B. auf dem Wickeltisch oder auf einer Decke), dann sprechen Sie es doch freundlich an und reichen ihm beide Zeigefinger. Umklammert das Baby Ihre Zeigefinger? Wenn nicht, dann sollten Sie nicht weitermachen.

Ergreift es dagegen spontan Ihre Finger, dann beginnen Sie mit dem eigentlichen Spiel!

Sie ziehen das Kind ein kleines Stück nach oben (dabei sollte es den Kopf mit anheben). Legen Sie beim Hochziehen zur Sicherheit immer Ihren Daumen auf den Handrücken des Babys!

Anfangs werden Sie das Baby nur wenige Zentimeter von der Unterlage weg nach oben führen und es dann ebenso behutsam wieder hinlegen. Mit etwa sechs Monaten zieht sich das Kind oft schon allein bis zum Sitzen in die Höhe. Es wäre jetzt allerdings verfrüht, das Baby bereits weiterhin sitzend verweilen zu lassen. Legen Sie es deshalb – selbst wenn es Protestgeschrei geben sollte – langsam zurück in die Ausgangslage auf den Rücken.

Geben Sie dem Baby ein Küßchen, und kuscheln Sie mit ihm.

Vielleicht werden Sie beobachten, daß Ihr Kind immer mehr die Regie bei diesem Spiel übernimmt. Je besser es seinen Kopf halten kann, je kräftiger seine Arme werden und sein Gefühl für Gleichgewicht, desto mehr wird es vielleicht Gefallen an dem Spiel finden.

> **Dreht sich Ihr Kind schon?**
> Im zweiten Vierteljahr drehen sich manche Babys schon auf die Seite bzw. über die Seite hinaus auf den Bauch oder Rücken. Wenn Ihr Baby diese Übungsversuche jetzt noch nicht zeigt, so brauchen Sie sich allerdings keine Gedanken zu machen. Warten Sie einfach ab! Sicherlich wird es später damit beginnen. Wenn sich Ihr Kind allerdings von allein zu drehen beginnt, so können Sie ihm die auf Seite 73 beschriebenen Handreichungen schon jetzt anbieten (vgl. *Das 3. Vierteljahr, 7–9 Monate*)

Hopsen und Fliegen

Viele Erwachsene heben Babys spontan in die Luft und lassen sie die Welt von oben betrachten. Hopsen und Fliegen bereiten vielen Kindern große Freude, und sie können gar nicht genug davon bekommen.

Hopp-Hopp-Hopp

Dieses Spiel können Sie auf Ihrem Schoß, auf einer dicken Schaumstoffmatte oder einem großen Pezziball spielen. Bei der zuletzt genannten Möglichkeit sollten Sie den Ball mit Ihren Beinen bzw. Füßen einklemmen und festhalten, damit er nicht wegrollen kann. Wenn Ihr Baby – das für dieses Spiel möglichst schon ein halbes Jahr alt sein sollte – mit gebeugten Beinen und nackten Füßen die Unterlage berührt, so stößt es sich oft selbst ab, indem es die Beine rhythmisch beugt und streckt. Unterstützen Sie dieses Abstoßen, und heben Sie das Kind im richtigen Augenblick ein Stück in die Luft. Wichtig ist, daß Sie selbst – durch Umfassen des kindlichen Rumpfes – Babys Körpergewicht tragen! Begleiten Sie das rhythmische Hopsen Ihres Kindes – wenn Sie mögen – mit einem kleinen Spruch oder einem passenden Lied.

Wiegen mit Mama und Papa

Jetzt ist Ihr Kind schon in dem Alter, daß Sie mit ihm gemeinsam Partnerspiele ausprobieren können. Diese Spiele regen Bewegungs- und Gleichgewichtssinn an und sollten dem Er-

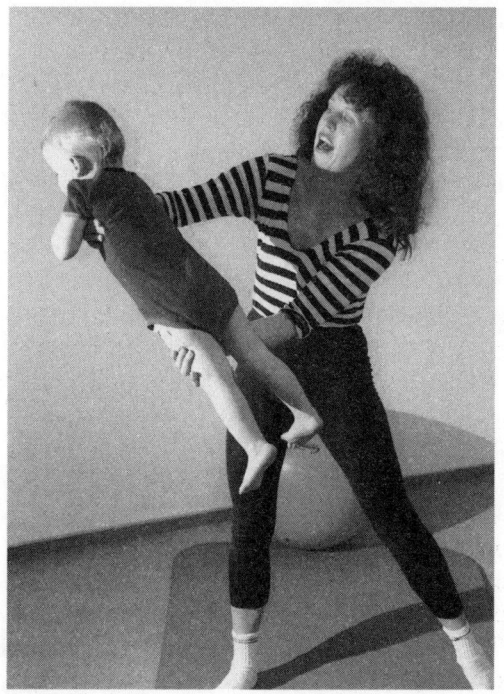

Das Foto zeigt, wie das Kind von den Unterschenkeln bis zum Oberkörper eine gestreckte Haltung einnimmt, ohne dabei verkrampft zu wirken.

wachsen und dem Kind gleichermaßen Freude bereiten. Beobachten Sie Ihr Kind aufmerksam und erspüren Sie behutsam seine Bedürfnisse!

Standschaukel

Im Stehen: Der Erwachsene legt das Kind auf seine Unterarme, wobei die eine Hand unter den Achseln, die andere in Höhe der Oberschenkel des Kindes liegt.

Oder aber er greift mit der Hand zwischen den Beinen des Babys durch, so daß die Hand etwa im Bereich des kindlichen Bauchnabels liegt und den Unterkörper trägt.

Der Erwachsene grätscht die Beine und schwingt nun vom rechten auf das linke Bein und zurück. Dabei wird abwechselnd das Gewicht verlagert. Auch die Hüften und der Oberkörper sind bei diesem Bewegungsablauf beteiligt. Sie werden fast wie von selbst in den Wiegeschritt einbezogen.

Sitzschaukel

Der Erwachsene sitzt mit gestreckten Beinen am Boden. Legen Sie das Kind auf Ihre Beine, wobei sich sein Kopf in Höhe Ihres Bauchnabels befinden soll. Schaukeln Sie nun von einer Gesäßhälfte auf die andere. Die Übung ist auch ein gutes Körpertraining für Mutter oder Vater. Bei der Übung werden Bauch-, Po- und Oberschenkelmuskulatur des Erwachsenen spielerisch trainiert.

Glockenklang

Wiege, wiege Felix,
Wiege, wiege Felix,
Kling, klang, Glockenklang,
Kling, klang, Glockenklang,
Bimm, bamm, bimm, bamm . . .

(B. Wilmes-Mielenhausen)

Ri-ra-rutsch

Wer hätte das gedacht? Rutschen geht auch am Körper von Mutter und Vater. So funktioniert das Rutschvergnügen also auch im Zimmer, und der Weg ins Freie ist gar nicht nötig.

Wir fahren mit der Kutsch

*Komm, wir wollen wandern
von einer Stadt zur andern.
Ri-ra-rutsch,
wir fahren mit der Kutsch.*

Setzen Sie sich mit gebeugten Beinen auf den Boden und lassen Sie das Baby Ihre Unterschenkel hinabrutschen.

*Wir fahren mit der
Schneckenpost,
weil sie keinen Pfennig kost.
Rirarutsch,
wir fahren mit der Kutsch.*

Ein wenig steiler und länger wird die Rutschpartie, wenn Sie sich auf einen Stuhl setzen.

*Wir fahren über Stock und Stein
und rutschen dann ins Tal hinein.
Rirarutsch, wir fahren mit der Kutsch.*
              (überliefert)

Mal was Neues: Spiele in Bauchlage

Die Bauchlage ist die Stellung, in der Babys viele der Haltungs- und Bewegungsreaktionen entwickeln, die zum Krabbeln, Stehen und Gehen führen. Nachdem das Kind geübt hat, seinen Kopf mit Hilfe der Nackenmuskulatur aufrecht zu halten, benutzt es die Muskeln der Schultern und Arme, um seine Brust vom Boden abzuheben (Kontraktion der Muskeln des oberen Rückenabschnitts).

- Reichen Sie dem Baby in Bauchlage ein Spielzeug, und halten Sie es so, daß es bequem danach greifen kann.
- Legen Sie es über Ihre Ober- bzw. Unterschenkel, während Sie selbst mit gestreckten Beinen auf der Erde sitzen. Dabei stützt sich das Kind mit den Armen am Boden ab.
- Lassen Sie es bäuchlings auf einer zusammengerollten Decke oder einem dick aufgewickelten Badetuch liegen, und placieren Sie ein begehrtes Spielzeug davor.
- Sie können auch selbst die Bauchlage einnehmen und „von Angesicht zu Angesicht" mit dem Baby kleine „Unterhaltungen" führen.

Extratip
Erleichtern Sie dem Kind anfänglich die Bauchlage. Rollen Sie eine Decke fest zusammen und legen Sie das Kind bäuchlings darauf. Drücken Sie dabei den Po des Babys vor-

sichtig auf den Boden, während Sie mit der anderen Hand den Rücken streicheln. Überfordern Sie das Baby aber nicht! Beobachten Sie, wie lange es aus eigener Kraft den Kopf halten kann!

Schau genau: Bewegliches zum Sehen und Staunen

Schon im ersten Vierteljahr hat das Baby Gegenstände fixiert. Dies tut es jetzt mit immer mehr Ausdauer und Interesse. Faszinierend sind dreidimensionale Mobiles, die den Vorteil haben, daß sie in Rückenlage besonders gut von allen Seiten wahrgenommen werden.

Mobiles, die nicht nur mit den Augen beobachtet, sondern darüber hinaus auch betastet oder durch ein langes Band von Ihrem Baby selbst bewegt werden können, sprechen mehrere Sinne gleichzeitig an und geben dem Kind darüber hinaus das Gefühl, aus eigener Kraft etwas in Bewegung versetzen zu können.

Zauberkugel

Besorgen Sie sich in einem Bastelgeschäft eine durchsichtige Kunststoffkugel. Die Kugel soll aus zwei Hälften bestehen, die sich öffnen und wieder verschließen lassen. Füllen Sie die

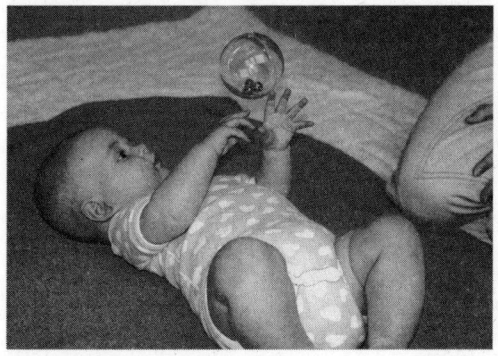

Zauberkugel mit Perlen, Glöckchen, Stoff- oder Papierresten. Befestigen Sie die Kugel an einem Band, und hängen Sie das Band so über dem Kopf des Kindes auf, daß Ihr Kind die Kugel nicht nur betrachten, sondern auch befühlen und in Schwingungen versetzen kann.

Luftballongesicht

Schon Neugeborene haben eine Vorliebe für bestimmte Muster. Am interessantesten finden sie ein Gesicht, auch wenn man es ihnen nur als „Mondgesicht" aus Augen, Nase und Mund anbietet. Natürlich kann ein künstliches Gesicht kein Ersatz für menschlichen Blickkontakt sein, und dennoch freuen sich viele Babys, wenn man ihnen ein Luftballongesicht zeigt.

Kleben Sie auf einen Luftballon Augen, Nase und Mund (z. B. aus Tonpapier). Hängen Sie den Luftballon in der Nähe des Kindes auf oder halten Sie den Ballon mit den Händen und führen Sie ihn langsam vor den Augen des Kindes hin und her bzw. auf und ab. Manche Babys möchten den Ballon auch in die Hände nehmen und ihn befühlen.

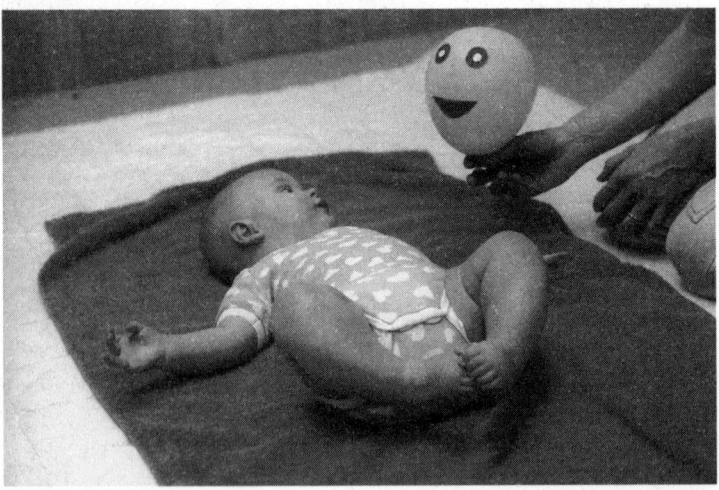

> **Extratip**
> Wollen Sie immer mal wieder wechselnde Sachen als Mobile von der Zimmerdecke herunter hängen lassen? Dann brauchen Sie einen festen Halt! Befestigen Sie den kahlen Zweig eines Baumes, einen Drahtring oder einen Kleiderbügel mit Faden und Heftzwecke an der Decke des Kinderzimmers. Nun können Sie immer mal wieder neue Gegenstände daran festknoten, z. B. Federn, Weihnachtskugeln oder farbige Geschenkbänder. Seien Sie aber bitte sparsam mit zu vielen Ideen. Das Baby braucht nicht ständig neue Überraschungen.

Was raschelt da? Hören und Lauschen

Besonders gegen Ende des ersten halben Jahres verfeinert sich das Babygehör zusehends:

Nach wie vor ist die menschliche Stimme für die Kleinsten sehr wichtig. So sind Gespräche mit dem Kind, z. B. durch die Nachahmung von Silben-Lall-Monologen durch den Erwachsenen, ein Bestandteil der Schmuse- und Sinnesspiele und unterstützen die Entwicklung von Sprache und Gefühl.

Darüber hinaus begeistert sich das Baby auch für Geräusche aus der Umgebung:

- Rascheln Sie mit Papier.
- Füllen Sie einen Luftballon mit Reis und schütteln Sie ihn.
- Sammeln Sie leere Filmdosen (in Drogerien und Fotogeschäften erhältlich), und geben Sie Nudeln, Mais, Erbsen oder Reis hinein. Diese kleinen Dosen sind genau richtig für Babyhände, da sie sich gut greifen, festhalten und schütteln lassen.
- Besorgen Sie sich Glöckchen (Bastelgeschäft). Damit lassen sich Spielzeuge und Materialien jeder Art zur Geräuschquelle machen. Binden Sie Glöckchen mit Stoffbändern an Kuscheltiere, Greifringe, Tastsäckchen oder sogar einmal als Spaß an Babys Hand- oder Fußgelenk – wenn das Kind an diesem Klangspiel Gefallen finden sollte.

Da kommen Schneck und Maus:
Kitzel- und Knuddelspiele

Massage- und Streichelspiele lassen sich gut mit einem Spruch verbinden. Ob auf dem Wickeltisch oder in anderen Alltagssituationen: Verse sprechen schon die Kleinsten an und fesseln ihre Aufmerksamkeit. So wird Knuddeln auch zum Sprachspiel. Die Verbindung von Berührung und zärtlichen Worten gibt den Berührungen darüber hinaus noch eine besondere Gefühlsqualität.

Die Treppe hinauf

*Geht ein Mann die
Treppe rauf ...
Klingelingeling,
ist der Moritz zu Haus?*

Krabbeln Sie mit zwei Fingern vom Bauchnabel des Kindes nach oben über das Brustbein, und trommeln Sie bei dem Wort „Klingelingeling" auf eine Stelle, die etwas oberhalb der Mitte zwischen den Brustwarzen liegt.

(überliefert)

Die Schnecke

*Eine kleine Schnecke
geht den Berg hinauf.
Eine kleine Schnecke
geht den Berg hinauf.
Und dann wieder runter
und dann wieder runter,
auf den Bauch,
auf den Bauch.*

Zwei Finger gehen an der linken Körperseite hoch bis zum Scheitel. Bei der Zeile: „und dann wieder runter ..." laufen Sie raschen Schrittes an der rechten Seite hinab und kitzeln das Kind am Bauch. Viele Babys kichern dabei vor Vergnügen da dieses kleine Spiel eine anregende Wirkung hat.

(überliefert)

Regentropfen

Es regnet, es regnet,
es regnet seinen Lauf –
und wenn's genug
geregnet hat
und wenn's genug
geregnet hat,
dann hört es wieder auf.
„Huuuuh, huuuuh,
huuuuh..."

Die Fingerspitzen trommeln
wie Regentropfen
über Babys nackte Haut.

Jetzt bläst der Wind: Pusten
Sie nun über die Hautoberfläche
des Kindes. *(überliefert)*

Das ist der Daumen

Das ist der Daumen,
der schüttelt die Pflaumen,
der hebt sie auf,
der trägt sie nach Haus,
und der kleine Schelm
ißt sie alle auf.

Tippen Sie zu dem Spruch jedes
Fingerchen des Babys an,
oder verbinden Sie die Zeilen
mit einer kleinen Handmassage.
Streicheln Sie die Finger
aufwärts über Grund- und
Mittelgelenk bis zur Fingerspitze und drücken Sie sanft auf
den jeweiligen Fingernagel.
(überliefert)

> **Tip**
> Dieser kleine Spruch ist auch geeignet, um das manchmal unbeliebte Nägelschneiden bei Babys und Kleinkindern attraktiv zu machen.

Die Maus

Kommt 'ne Maus,
baut ein Haus,
Kommt 'ne Mück,

Wie wäre es mit einer Mini-
Fußreflexzonenmassage?
Lassen Sie Ihren Daumen mit

*Baut 'ne Brück,
kommt ein Floh
der piekt so!*

leichtem Druck über die
Fußsohle des Babys laufen, und
drücken Sie bei jeder Textzeile
dreimal auf die Fußsohle.

(überliefert)

Das Zwerglein

*Klitzekleines Zwerglein,
ging mal auf ein Berglein,
rutschte aus,
ging nach Haus,
schon ist die Geschichte
aus.*

Lassen Sie Ihre Finger den
Babyrücken hinauf bis zum
Scheitel klettern. Bei dem
Wort „rutschte" bilden Sie
mit den Fingerspitzen
„Krallen" und „harken" den
Rücken aus, indem Sie mit
einer Handbewegung hinunter
bis zum Po streichen. Wiederholen Sie dieses „Ausharken"
je einmal bei den letzten drei
Verszeilen.

(überliefert)

Mäuse im Haus

*In unser'm Häuschen
sind schrecklich
viele Mäuschen.
Sie trippeln und trappeln,
sie zippeln und zappeln,
sie stehlen und naschen
und will man sie haschen,
husch, sind sie alle weg.*

Gehen Sie mit Ihren Fingerspitzen auf dem Köpfchen
des Kindes spazieren. Pusten
Sie dem Kind zum Abschluß
einmal kräftig auf Nacken
und Schultern. Das bringt viele
Babys und Kleinkinder zum
Lachen.

(überliefert)

Kitzelmassage mit allerlei Sachen

Sicherlich findet sich unter Ihrem Wickeltisch noch Platz für eine kleine Kiste, in der Sie verschiedene Materialien für eine Massage aufbewahren. Bedenken Sie bei der Auswahl auch gegensätzliche Eigenschaften, wie z.B. weich und hart, glatt und rauh. Hier eine kleine Auswahl:
– ein Seidentuch
– ein Stück Pelz
– ein paar Wollfäden
– ein kleiner Igelball
– ein Wattebausch
– eine Feder
– ein weiches und ein mittelweiches bzw. hartes Bürstchen

Streicheln und kitzeln Sie das Baby mit den verschiedenen Materialien und beobachten Sie seine Reaktionen aufmerksam!

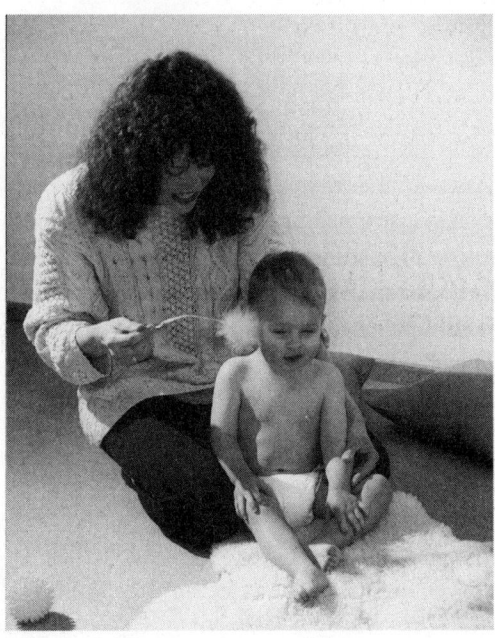

Durch die Kitzelmassage wird der Tastsinn des Babys angesprochen. Mit zunehmendem Alter lokalisiert das Kind die einzelnen Stellen der Berührung (Ohr, Nase, Bauch . . .). Einige Babys lachen laut vor Vergnügen oder erweisen sich als stille Genießer. Anderen ist das Spiel eher unbehaglich. Beobachten Sie auch hier die Reaktionen Ihres Kindes!

Guten Morgen – gute Nacht:
Erste Rituale zum Einschlafen und Aufwachen

Ganz junge Babys haben noch keinen festen Rhythmus. Sie wissen nicht, was Tag und Nacht bedeuten. So meldet sich ja auch mitten in der Nacht der Hunger. Das Baby wird gestillt oder bekommt sein Fläschchen. Tagsüber verbringen Babys viele Stunden mit Schlaf, obgleich die Wachzeiten mit zunehmendem Alter immer länger werden. Erst langsam entwickeln sie einen erkennbaren Rhythmus von Schlafen, Wachen, Nahrungsaufnahme und Spielen. Und schließlich passen sie sich irgendwann an einen normalen Tag-Nacht-Rhythmus an. Viele Eltern sind erleichtert, wenn ihr Kind nach langer Zeit nun endlich „durchschläft".

Wenn solch ein Rhythmus zu erkennen ist, dann können Sie mit einem ersten Guten-Morgen- oder Gute-Nacht-Spiel beginnen.

> **Damit das Kind Spiele wiedererkennt**
> sollten Sie sich für ein bestimmtes Morgenspiel und ein bestimmtes Gute-Nacht-Spiel entscheiden. Auf diese Weise lernt das Kind feste Rituale kennen. Es prägt sich die bekannten Abläufe ein. Dies erleichtert ihm die Orientierung in seiner kleinen Welt.
>
> Sie müssen selbst entscheiden, wann sie mit solch kleinen Ritualen beginnen. Das kann z. B. im Alter von einem halben Jahr oder auch viel später sein. Die folgenden Spiele sind für das ganze erste Lebensjahr und auch darüber hinaus von Bedeutung.

Guten Morgen!

Da Babys oftmals durch Hunger geweckt werden, wird die Mutter ihr Kind natürlich zunächst stillen oder ihm die Flasche geben, bevor sie mit einem Guten-Morgen-Spiel beginnt. Die Kleinen mögen es sehr, wenn sie – gerade den Träumen entrissen und den Außenreizen des Tages ausgesetzt – einen sicheren Platz an Mutters Brust und in ihren Armen finden. Wenn das Baby wach und satt ist und Ihnen vielleicht schon sein erstes Tageslächeln geschenkt hat, dann können Sie es (als Mutter oder Vater) mit einem Spiel begrüßen:

Winken

Guten Morgen, guten Morgen   Sprechen oder singen Sie
winken wir uns zu!   die Verse. Winken Sie
Guten Morgen, guten Morgen   dazu mit der Hand oder
sagen ich und du.   mit einem bunten Tuch.
Hallooo, Halloo . . .

Guten Morgen, guten Morgen   In die Hände klatschen oder
klatschen wir uns zu!   mit beiden Handflächen
Guten Morgen, guten Morgen   auf den Wickeltisch patschen.
klatschen ich und du.
Pitsch-patsch, pitsch-patsch . . .

Guten Morgen, guten Morgen   Mit einem Glöckchen
klingeln wir uns zu!   klingeln.
Guten Morgen, guten Morgen
klingeln ich und du.
Kling-klang, kling-klang.

(überliefert)

Vielleicht ziehen Sie vor dem Guten-Morgen-Lied die Vorhänge auf.

Sie können auch mit dem Baby ans Fenster treten und hinaus sehen, nachdem Sie es aus dem Bettchen gehoben haben. Das Kind sieht nun, daß es hell ist, und vielleicht scheint sogar die Sonne herein und begrüßt das Kind mit ihren Strahlen.

Besonders beim Wickeln ist Gelegenheit zu einem Begrüßungsspiel:

Körperteile begrüßen

Guten Morgen <u>Stirn,</u>
Guten Morgen <u>Nase,</u>
Guten Morgen <u>Ohr,</u>
Guten Morgen <u>Hand,</u>
Guten Morgen <u>Bauch</u> . . . usw.

Streicheln oder kitzeln Sie die einzelnen Körperteile, oder verteilen Sie Küßchen auf der nackten Haut.

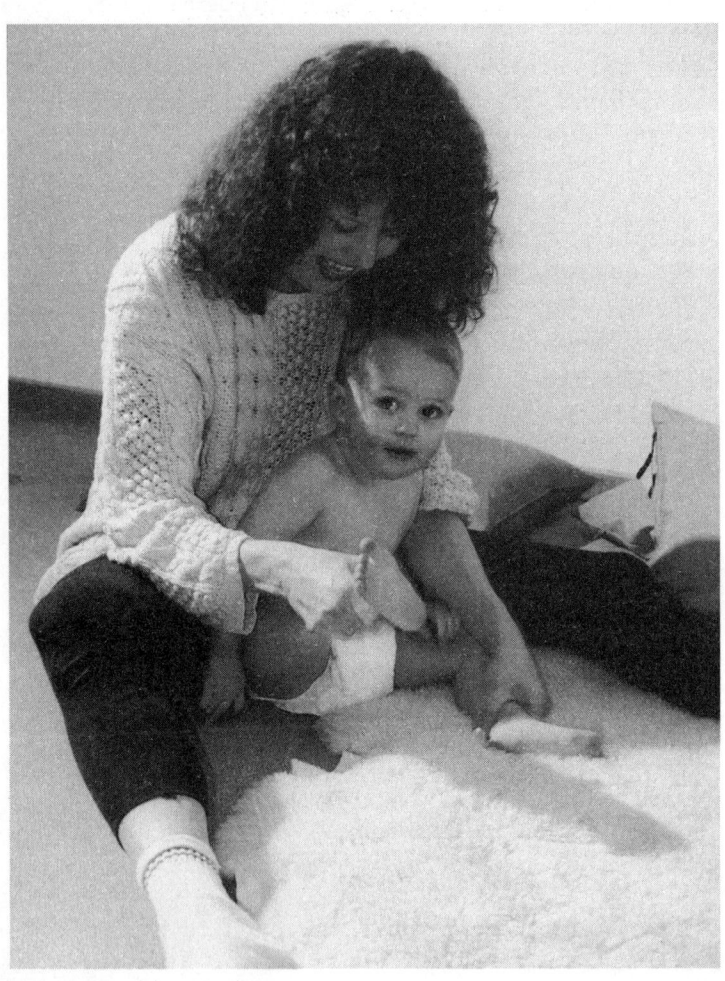

Das pfiffige Strampelspiel am Morgen

Guten Morgen ihr Beine,	Über die Beine streicheln.
wie heißt ihr denn?	
Ich heiße Hampel,	Ein Bein anheben,
und ich heiße Strampel.	das andere Bein anheben.
Ich bin das Füßchen Übermut	Wieder die Beine im Wechsel
und ich das Füßchen	heben und senken.
Tu-Nicht-Gut.	
Übermut und Tu-Nicht-Gut	Laufbewegungen andeuten,
gehen auf die Reise.	bei „patsch" und „naß" die
Patsch, durch alle Sümpfe,	Beine zusammen auf den
naß sind Schuh' und Strümpfe.	Wickeltisch stupsen.
Schaut die Katze um die Eck',	Rasche Beinbewegungen
laufen alle beide weg ...!	beim Weglaufen!

(überliefert)

Gute Nacht

Wenn der Tag zur Neige geht, sind beginnende Müdigkeit und Übergänge vom Wachsein in den Schlafzustand für den Säugling oft ein Pfad der Verwirrungen und Ängste. Das Baby fühlt Müdigkeit oft als Unbehagen, aber es weiß nicht wie wir, die Erwachsenen, daß dieses Unbehagen bald durch den wohligen Schlaf vorbei sein wird. Es sieht gar keinen Ausweg aus seiner Bedrängnis, und die ersten Ausfälle seiner Sinne machen ihm Angst. Also weint es, also braucht es die Stimme und Berührung von Mutter und Vater, da ihm die Schlaferwartung als Trost nicht zur Verfügung steht. Selbst wenn Babys das Einschlafritual noch nicht in dem Maße brauchen wie ältere Kinder, so kann es trotzdem sinnvoll sein, bereits im ersten halben Jahr mit einem kleinen Ritual zu beginnen.

Schlafbegleiter
Vor dem Einschlafen können Sie eine Spieluhr aufziehen oder ein Wiegenlied singen. Begleiter sind darüber hinaus oft Schnuller, Kuschelkissen, Schlaftier oder Schmusetuch. Welche Vorlieben hat ihr Baby?

Häschen schlaf!

Schlaf- und Wiegenlied

1. Schlaf, Häschen, schlaf! Sei stille nun und brav, mach deine müden Äuglein zu, dann schläfst du ein und träumst im Nu. Schlaf, Häschen, schlaf!

2. *Schlaf, Häschen schlaf!*
   Sei stille nun und brav.
   Die Sternlein stehn am Himmelszelt
   und wachen über Wald und Feld.

3. *Schlaf, Häschen, schlaf!*
   Schlaf, Häschen, schlaf!
   Sei stille nun und brav.
   Nimm deinen Teddy in den Arm,
   er bleibt bei dir und hält dich
   usw.

Singen Sie dem Kind das Lied vor.

Vielleicht begleiten Sie den Gesang durch Wiegen.

Wissenswertes zum Thema Einschlafen

Sollte das Baby (zeitweilig) im Elternbett schlafen? Durch die Berührung und die Körperwärme von Mutter und Vater erfährt das Kind Geborgenheit. Auch die Erwachsenen genießen die Nähe des Kindes. Die Mutter merkt gleich, wenn das Kind sich regt, kann es stillen, ohne aufzustehen.

Andererseits büßen Eltern auf diese Weise viel von ihrem Freiraum ein.

Wenn das Kind älter wird, gewöhnt es sich vielleicht an das große Familienbett und will gar nicht mehr heraus. Hier müssen die Eltern Vor- und Nachteile abwägen und nach ihrer eigenen Einschätzung entscheiden.

Wie findet das Kind in den Schlaf? Möglichst von sich aus. Das Hinübergleiten in den Schlaf ist für viele Babys langwierig und von Unruhe geprägt. Viele Eltern verwechseln diese Einschlafphase – die oft noch mit Wimmern und Weinen einhergeht – mit dem Wachsein und sprechen das Kind deshalb an oder nehmen es zum Trost auf den Arm. Damit beginnt manchmal ein Teufelskreis, der das Kind erst recht nicht zur Ruhe kommen läßt. Aus diesem Grund ist es in vielen Situationen richtig, sich auf leisen Sohlen davon zu stehlen, selbst wenn das Baby noch kurze Zeit quengelt oder vor Müdigkeit weinen muß.

Wiederholen Sie jetzt auch Spiele aus dem ersten Kapitel und beobachten Sie, wie sich das Spielverhalten im Zuge der immer weiter fortschreitenden Gehirnreifung Ihres Kindes verändert hat!

Erkunden und entdecken

Das dritte Vierteljahr (7–9 Monate)

Auf los geht's los: Das Baby wird mobil

Ein neuer Entwicklungsabschnitt hat begonnen. Das Baby wird nun immer mobiler und ist bestrebt, immer weitere Bereiche der Wohnung zu erreichen und zu erforschen. Läßt sich das Baby noch gern halten, wiegen und massieren? Einige Kinder finden jetzt die Umgebung viel interessanter als die körperliche Nähe von Mutter oder Vater und sind ständig auf der Wanderschaft. Geben Sie diesem Entdeckungsdrang so weit wie möglich Raum. Denken Sie aber in dieser Zeit an die notwendigen Sicherheitsmaßnahmen für die Wohnung. Das Baby wird sich nach seinen Ausflügen – z.B. wenn es müde ist oder Trost braucht – gern auf Ihrem Arm oder Ihrem Schoß ausruhen.

Im **siebten Monat** dreht sich das Kind vielleicht aktiv in einer schraubenförmigen Bewegung zwischen Becken und Schultergürtel vom Rücken auf den Bauch. Es spielt gern mit seinen eigenen Füßen und führt sie teilweise sogar in den Mund.

Jetzt ist es in der Lage, ein Spielzeug mit beiden Händen zu greifen, es zu wenden und nach ihm zu suchen, wenn es aus Versehen hinuntergefallen ist.

Mit etwa **acht Monaten** drehen sich viele Kinder um die eigene Achse und sind somit in der Lage, sich rollend fortzubewegen. Hält man dem Baby die Finger hin, so zieht es sich daran selbständig zum Sitzen hoch. Es ist ihm möglich, mit Abstützen einige Sekunden eigenständig sitzen zu bleiben. Schenken Sie jedoch dieser Fähigkeit nicht unnötig viel Aufmerksamkeit, und lassen Sie das Baby erst dann längere Zeit sitzen, wenn es diesen Entwicklungsschritt von sich aus signalisiert. Viele Kinder entwickeln jetzt die „Acht-Monats-

Angst" bzw. das „Fremdeln". Sie reagieren unbekannten Personen gegenüber skeptisch und wenden sich weinend und schutzsuchend ab.

Das Kind interessiert sich zusehends für sein eigenes Spiegelbild, selbst wenn es sich noch nicht wirklich wiedererkennt.

Im **neunten Monat** robben viele Babys oder beginnen in Ansätzen mit dem Krabbeln. Manche Kinder sitzen für ganz kurze Zeit frei und ziehen sich bereits an Möbelstücken hoch. Das Kind läßt auch Spielzeuge bewußt fallen und greift in Gefäße hinein, um einen Gegenstand herauszuholen.

Rolle hin, rolle her: Spiele zum Drehen und Rollen

War in den vorangegangenen Monaten das Drehen des Babys oft nur eine Art Umkippen mit dem ganzen Körper, so handelt es sich jetzt um eine aktive Schraubenbewegung zwischen Becken und Schultergürtel. Dreh- und Rollspiele sollten – wie auch andere Babyspiele – kein Leistungssport für die Kleinsten sein. Beobachten Sie Ihr Kind deshalb genau, bevor Sie solche Spielangebote machen. Übt es von sich aus schon Drehbewegungen, dann können Sie ihm die folgenden Spiele als Handreichung anbieten:

Rechts herum und links herum

- Legen Sie ein Spielzeug so auf die Erde, daß sich Ihr Baby auf die Seite oder auf den Bauch drehen muß, um es zu erreichen.
- Legen Sie das Kind so auf den Boden, daß es sich drehen muß, um ein interessantes Geschehen in der Familie verfolgen zu können.
- Bieten Sie eventuell einen Greifring oder auch die eigene Erwachsenenhand als Hilfe an (das Kind zieht sich selbst bzw. wird das letzte Stück gezogen).
- Beugen Sie ein Bein des Babys, das auf dem Rücken liegt, indem Sie den Unterschenkel fassen, und führen Sie das gebeugte Bein über das gestreckte, so daß Babys Knie Rich-

tung Boden strebt. Viele Babys nehmen nun Arm und Schulter hoch, um von sich aus die Drehung auszuführen.

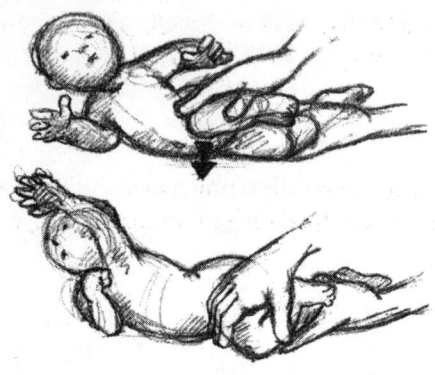

> **Fortbewegung durch Rollen**
> Manche Babys drehen sich um ihre eigene Achse und bewegen sich auf diese Weise durch den Raum. Vielleicht räumen Sie bewegliche Möbelstücke beiseite. Dann kann das Kind ungehindert rollen.

Weg vom Fleck: Durch den Raum robben

Mit etwa neun Monaten robben einige Kinder durch den Raum. Das Kind liegt mit angehobenem Oberkörper auf dem Bauch. Auf die Unterarme gestützt zieht es seinen Körper auf dem Boden nach. Die Phase des Robbens ist meist kurz und wird dann vom Krabbeln abgelöst. Allerdings robben und krabbeln nicht alle Kinder. In bestimmten Fällen wird diese Phase übersprungen.

Spielzeug erreichen

Legen Sie dem Baby ein begehrtes Spielzeug so hin, daß es dieses nur erreichen kann, wenn es sich vom Fleck bewegt. Manche Babys, die eigentlich nach vorn wollen, schieben sich statt dessen rückwärts, so daß die Distanz zum Spielzeug immer größer wird. Man kann dem enttäuschten Baby helfen, indem man ihm nach hinten Widerstand gibt (mit den Händen oder indem Mutter oder Vater sich direkt hinter das Kind hocken und den „Rückwärtsgang" somit vermeiden).

Über Mutter und Vater

Legen Sie das Kind über Ihre Unter- bzw. Oberschenkel, oder lassen Sie es über Ihre Brust oder Ihren Bauch robben und später krabbeln.

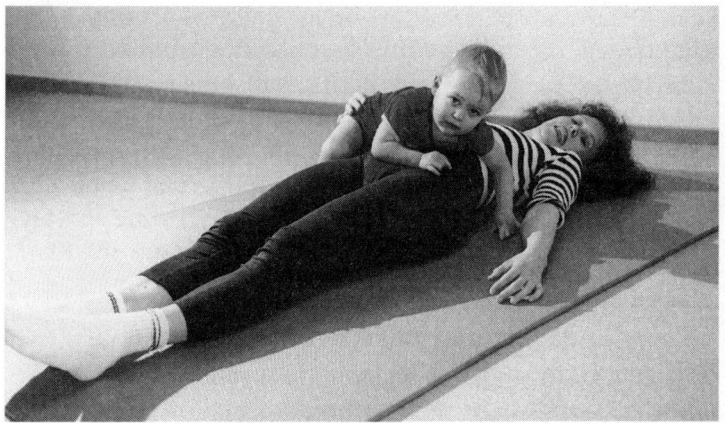

Krabbelrolle

Beschaffen Sie sich eine Krabbelrolle zum Drauflegen (Spielzeuggeschäft), oder nehmen Sie eine dick zusammengerollte Decke. Diese Rolle muß einen entsprechend großen Durchmesser haben, damit das Kind, wenn es bäuchlings darauf liegt, fast automatisch eine Art Vierfüßlerstand einnehmen, d. h. in eine typische Krabbelposition gelangen kann.

Hocken Sie sich vor das Baby, und sprechen Sie es an. Zeigen Sie ihm etwas Interessantes, z. B. einen farbigen Luftballon, den es vielleicht erreichen möchte. Manche Babys versuchen nun, ein Stück vom Fleck zu kommen, indem sie sich irgendwie vorwärts schieben. Viele robben sogar über die Rolle hinweg oder starten erste Krabbelversuche.

Mit Kochtopf, Sieb und Nagelbürste: Neue Tast- und Geschicklichkeitsspiele

Gerade die Küche erweist sich immer wieder als Fundgrube für neugierige Kinderhände. Vielleicht geben Sie dem Kind eine Schublade oder eine Kiste mit ungefährlichen Küchengeräten, die es nach Herzenslust aus- und einräumen darf. Andere Schubladen und Schränke sind dagegen verboten. Das muß Ihr Kind lernen.

> **Klare Regeln sind wichtig**
> Je mobiler das Kind wird, desto größer werden auch mögliche Verletzungsgefahren. Sagen Sie ruhig und bestimmt „nein", wenn das Kind etwas nicht tun soll. Bleiben Sie konsequent bei diesem Nein, denn nur so kann Ihr Kind klare und verläßliche Regeln lernen.
>
> Achten Sie während dieser Zeit besonders auf eine kindersichere Wohnung. In Steckdosen gehören Kindersicherungen. Gefährliche Treppen sichern Sie mit speziellen Schutzgittern. Auch der Herd ist ein Gefahrenbereich. Für ihn gibt es eigene Sicherheitsvorrichtungen. Vor allem sollten jetzt giftige Substanzen außer Reichweite des Kindes aufbewahrt werden.

Kochtopf, Quirl und Sieb

Viele Babys hantieren lieber mit dem Schneebesen als mit der schönsten Babyrassel. Auch Kochtopf, Kochlöffel, Quirl, Mehlsieb, Meßbecher, Zitronenpresse, Vorratsdosen fordern dazu auf, alles in Augenschein zu nehmen und es genaustens zu untersuchen. Darüber hinaus kann man mit den Gegenständen auch interessante Geräusche erzeugen.

Das ist ja rauh und stachelig

Viele Kinder finden es aufregend, rauhe und stachelige Sachen anzufassen. Geben Sie ihm ruhig eine saubere Haar- oder Nagelbürste und lassen Sie diese betasten und untersuchen. Auch unbenutzte Topfkratzer oder Topfschwämme sind interessant. Noppen- und Igelbälle eignen sich nicht nur zum Betasten, sondern auch für ein kleines Massagespiel:

Ein Igel wollt spazieren geh'n

Ein dicker, runder Igel,
der geht den Berg hinauf.
Erst bleibt er stehn,
dann rutscht er aus,
am Ende rollt er
schnell nach Haus . . .

Wandern Sie mit dem Igelball von der Fußsohle des Kindes hinauf zum Scheitel. Lassen Sie ihn abschließend den Rücken hinab zur Erde rutschen und nach Hause rollen.

(B. Wilmes-Mielenhausen)

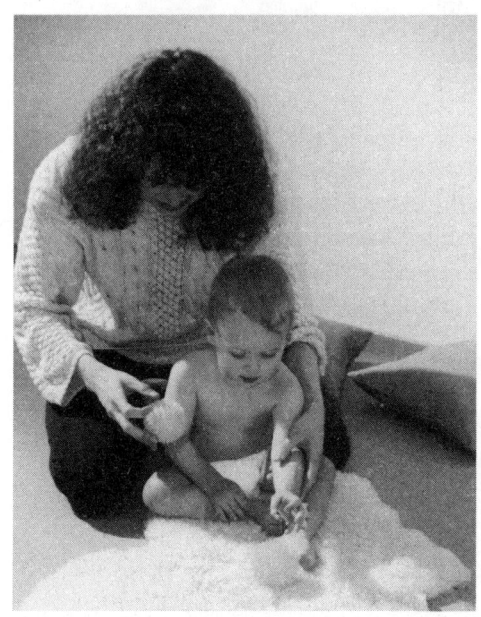

Eins, zwei, drei und butz:
Fallenlassen, Geben und Nehmen

Butz, was fällt denn da?

Ungefähr im 9. Monat lassen viele Kinder Gegenstände absichtlich zu Boden fallen. Wenn nun Mutter oder Vater den Gegenstand aufhebt und dem Baby zurückreicht, dann ist die Freude groß. Jetzt entwickelt sich daraus ein Spiel: Das Kind läßt den Gegenstand erneut fallen. Der Erwachsene hebt ihn auf und reicht ihn zurück. Unzählige Male wiederholt sich dieser Wechsel, bis einer der beiden Mitspieler das Interesse verliert.

> **Spiel nicht abrupt beenden**
> Beenden Sie das Wechselspiel zwischen Loslassen und Aufheben möglichst nicht abrupt. Vielleicht nehmen Sie Ihr Baby aus dem Hochstuhl heraus und setzen es zum Abschluß neben das Spielding am Boden, damit es dort noch eine Weile mit dem Gegenstand hantieren kann.

Das Bitte-Danke-Spiel

Auch das folgende Spiel besteht aus wechselnden Handreichungen, die Sie mit Worten begleiten können. Ihr Baby gibt Ihnen z.B. einen Baustein, und Sie sagen „danke". Im nächsten Augenblick reichen Sie den Stein zurück und begleiten die Geste mit einem deutlichen „bitte". Auch dieses Spiel wiederholt sich viele Male. Durch das „Bitte-Danke" wird auch die Sprache selbst zum Spiel. Das Kind freut sich über die wiederholten Wörter, die es jetzt bereits wiedererkennt.

Das bin ja ich! Das eigene Spiegelbild entdecken

Viele Kinder betrachten sich nun interessiert in einem Spiegel. Das Spiegelbild wird angelächelt, neugierig betastet und untersucht. Wer ist das andere Kind und wie kommt es bloß da herein? Manche Kinder wenden sich auch verlegen von dem Gegenüber im Spiegel ab.

Selbst wenn sich bereits Babys im Spiegel betrachten: Eine wirkliche Identifizierung mit dem Bild („Das bin ich") und Benennung mit dem eigenen Namen ist meist erst nach dem zweiten Geburtstag möglich. Das Wiedererkennen setzt eine gewisse Selbstbewußtwerdung und Abnabelung von der Mutter voraus.

Spieglein, Spieglein

Geben Sie dem Kind einen Hand- oder Taschenspiegel, bzw. legen Sie einen großen Spiegel einfach auf den Boden. Auch ein langer Wandspiegel ist interessant. Sie können sogar Finger-, Kniereiter-, oder Schmusespiele vor dem Spiegel ausführen und sich mit dem Kind darin betrachten.

Gemeinsames Spielen und Schmusen vor dem Spiegel hat eine doppelte Bedeutung: Das Kind fühlt seinen Körper im Umgang mit der Mutter/dem Vater und sieht seinen Körper aber auch gleichzeitig als Bild vor sich im Spiegel. Beide Bilder – das gefühlte und das gesehene – vereinigen sich miteinander und vertiefen die Selbstwahrnehmung.

„Spiegel-Gucken" ist ein Zauber, dem bereits kleine Kinder erliegen. Eine faszinierende Erfahrung entsteht, wenn Sie sich gemeinsam mit dem Kind über einen liegenden Spiegel beugen oder sich mit ihm in einem senkrecht stehenden Spiegel betrachten.

Hopp-hopp-hopp: Erste Kniereiter- und Fingerspiele

Sitzt das Baby auf dem Schoß von Mutter oder Vater, so ermöglicht diese Haltung besonders inniges Beisammensein. Kniereiter- und Fingerspiele haben eine weitreichende Tradition und waren gewiß schon unseren Großmüttern vertraut. Erst wenn das Kind in der Lage ist, sich selbständig hinzusetzen (z. B. auf dem Boden) und sitzend sein Gleichgewicht auszubalancieren, ist es für die nachfolgenden Schoßspiele reif, die wiederum ein Zusammenwirken der verschiedenen Sinnessysteme erforderlich machen und eine ideale Verbindung zwischen Bewegung und Sprache darstellen.

Kniereiter

Hopp hopp hopp

Hopp, hopp, hopp,
Pferdchen lauf Galopp!
Über Stock und über Steine,   Lassen Sie das Baby auf
Pferdchen brich dir nicht die Beine. Ihrem Schoß hüpfen.
Hopp, hopp, hopp,
Pferdchen lauf Galopp.

Brüderchen, komm tanz mit mir

Brüderchen, komm tanz mit mir,
beide Hände reich ich dir.
Einmal hin, einmal her,
rundherum das ist nicht schwer!

Lassen Sie das Baby hüpfen. Neigen Sie es zur rechten Seite, zur linken Seite, und heben Sie es bei „rundherum" im Kreis in die Luft.

Fingerspiel:

Wie ein Fähnchen

Wie ein Fähnchen auf dem Turme
Sich kann dreh'n bei Wind und Sturme,
so soll sich mein Händchen dreh'n,
daß es eine Lust ist anzusehn!

Drehen Sie Ihre Hand aus dem Handgelenk heraus wie ein Fähnchen.

Heile, heile Segen: Tröstespiele

Neugier und Entdeckungsdrang sind oft größer als die Geschicklichkeit des kleinen Kindes. Wenn es jetzt die Wohnung erforscht, so kommt es häufig zu winzigen Unfällen durch Stöße oder Stürze. Dies nimmt in den folgenden Monaten noch zu, denn ein Kind, das krabbeln und laufen lernt, stößt sich manchmal und fällt öfters wieder hin. Hier helfen kleine Tröstespiele.

> **Das Kind ernst nehmen**
> „Das tut auch weh", könnten Eltern sagen, deren Kind sich gestoßen hat. Das Kind braucht das Gefühl, daß Sie es in seinem Schmerz ernst nehmen. Allerdings sollten wir nicht übertrieben vorsichtig oder gar ängstlich reagieren. Auch bei ernsthaften Verletzungen gilt: Ruhe bewahren und überlegt handeln!

Heilsprüche (überliefert)

Heile Segen

Heile, heile, Segen!
Sieben Tage Regen,
sieben Tage Sonnenschein.
Bald wird´s wieder besser sein.

Mausespeck

Heile, heile Mausespeck,
morgen früh ist alles weg!

Quak-quak

Der Frosch ist krank,   Streicheln und trösten Sie
der Frosch ist krank,   das Kind zu den Sprüchen!
da liegt er auf der Ofenbank.
Quakt nun schon, wer weiß wie lang,
Quak-quak, quak-quak, quak-quak!

Ach du Schreck

Ach, das war ein Schreck,   Bei diesem Spiel können Sie
meck-meck-meck.   das Kind auf den Schoß
nehmen und sanft hin und
her wiegen.

Ach, wie tut das weh,
Oh-je-mi-nee.

Zeigen Sie in die Luft, und deuten Sie an, daß der Schreck weggeflogen ist.

Ach, wie ist das schlimm,
sim-sim-sim.

Ach, da fliegt der Schreck,
da fliegt er weg.

(B. Wilmes-Mielenhausen)

Massage bei Bauchschmerzen

Bäuchlein streicheln

Der Bäcker rührt den
Kuchenteig,
ruhig, ruhig.
Der Glaser putzt die
Fenster gleich,
ruhig, ruhig.
Die Waschfrau bügelt
auf dem Brett,
ruhig, ruhig,
Die Mutter streicht nun
glatt das Bett,
ruhig, ruhig.

Streicheln Sie im Uhrzeigersinn um den

Bauchnabel des Kindes herum. Dabei kommt es auf Ihre eigene Ruhe an.

Verweilen Sie zwischen den einzelnen Zeilen.

Und meine Hände
warm und weich,
die streicheln wie der Wind
ganz leis,
ruhig, ruhig.

Zum Schluß lassen Sie Ihre Hände still auf dem Bauch des Kindes ruhen.

(B. Wilmes-Mielenhausen)

Ein Handtuch wollt spazieren gehn:
Spiele zur Körperpflege

Gerade die tägliche Körperpflege ist eine Zeit intensiver Zuwendung zwischen den Eltern und ihrem Kind. Das alltägliche Waschen, Baden, Abtrocknen und Cremen macht mehr Spaß, wenn es mit einem lustigen Spiel verbunden ist.

Alle meine Entchen

*Alle meine Entchen
schwimmen auf dem See,
schwimmen auf dem See,
Köpfchen in das Wasser,
Schwänzchen in die Höh.*

Singen Sie das Lied beim Baden des Kindes.

(überliefert)

Variation: Lassen Sie einzelne Körperteile des Kindes verschwinden und wieder auftauchen, eventuell mit einer kleinen Textänderung wie z. B.: „Füßchen in das Wasser, Füßchen in die Höh" oder: „Händchen in das Wasser . . ." usw.

Mit dem folgenden Reim können Sie das Kind abtrocknen:

Das Handtuch

*Ein Handtuch wollt
spazieren gehn,
wohl in die Welt hinein.
Da sah es im Bad ein Kind
noch stehen,
das war ganz naß und klein.
Das Handtuch sprach:
„So geht das nicht,
das Kind ist kalt und friert.
Ich nehme jetzt mal Anlauf gleich,
damit das besser wird."
Das Handtuch rubbelt auf und nieder,*

Holen Sie ein Handtuch herbei. Formen Sie aus dem Handtuch eine Figur, die mit dem Kind spricht. Trocknen Sie das Kind von oben bis unten ab.

*und: ratz-fatz, rubbel-di-katz,
ganz geschwind, schnell wie der Wind,
ist trocken nun das ganze Kind.*

(B. Wilmes-Mielenhausen)

Ein kuscheliges Waschlappentier zum Selberbauen

Nehmen Sie einen besonders kuscheligen Waschhandschuh aus Frottee. Nähen Sie Perlen oder Tieraugen auf. Gehen Sie mit einer Hand in den Handschuh hinein und stülpen sie die Unterseite des Handschuhs ein Stück nach innen. Öffnen und schließen Sie nun Ihre Hand, so daß man an ein hungriges Froschmaul denken könnte.

Das Kitzelmonster kann über Babys nackte Haut laufen. Mal zwickt es ins Füßchen, mal ins Händchen, mal krabbelt es den Rücken rauf und mal hinunter.

Spiele aus dem Cremetopf

Malen Sie mit Kindercreme viele kleine und größere Punkte auf Gesicht, Brust, Bauch und Rücken, die Sie anschließend sanft verreiben. Kinder finden es oft sehr lustig, wenn sie über und über mit Punkten bedeckt sind.

Punkt, Punkt, Komma, Strich, fertig ist das Mondgesicht!	Malen Sie ein Gesicht auf die Brust oder den Bauch des Kindes.

Wiederholen Sie jetzt Spielideen aus dem vorangegangenen Kapitel (4–6 Monate). Viele Vorschläge für das zweite Vierteljahr können Sie weiter anbieten, so z. B. die Tastsäckchen, die Sie nun vielleicht mit neuen Materialien füllen. Wiederholen Sie auch das „Hochziehspiel". Ihr Baby greift jetzt meist von sich aus die dargebotenen Hände und zieht sich aus eigener Kraft zum Sitzen hoch.

Beobachten Sie, wie Ihr Kind – nachdem es älter geworden ist – alte Spiele auf neue Weise spielt.

Auf eigenen Füßen

Das letzte Vierteljahr (10–12 Monate)

Aufrecht stehn, aufrecht gehn: Die Schwerkraft überwinden

Jetzt beginnt die Zeit, in der Ihr Kind beginnt, in der Auseinandersetzung mit der Schwerkraft bedeutende Fortschritte zu machen.

Um den **10. Monat** fängt das Baby damit an, seinen Körper immer öfter von der Unterlage abzuheben und sich dabei nur noch auf Hände und Knie zu stützen. Viele Kinder schaukeln in dieser Haltung hin und her bzw. bewegen sich wippend auf und ab. Einige Babys krabbeln bereits, ziehen sich an Möbeln zum Stehen hoch und gehen vielleicht sogar seitlich an ihnen entlang. Sie kommen allein zum Sitzen und halten sich mit gestreckten Beinen und geradem Rücken am Boden.

Gegenstände werden jetzt gezielt und schwungvoll durch den Raum geworfen. Ebenso klopft das Kind nun Dinge (z. B. zwei Bausteine) koordiniert gegeneinander und ergreift kleine Gegenstände mit gestrecktem Daumen und Zeigefinger, um sie aufzupicken (Pinzettengriff). Eine ähnliche Greiftechnik ist der sogenannte „Zangengriff", der sich ebenso in diesem Entwicklungsabschnitt ausbildet (dabei sind Daumen und Zeigefinger gebeugt).

Im **11. und 12. Monat** verbessert das Kind seine Fähigkeiten, indem es jetzt z. B. koordiniert krabbelt (im rhythmischen Wechsel den rechten Arm und das linke Bein bzw. den linken Arm und das rechte Bein nach vorne bringt). Viele Kinder gehen nun vorwärts, wenn man sie an den Händen hält. Auch die ersten freien Schritte lassen oft nicht lange auf sich warten. Allerdings muß man feststellen, daß sicheres Gehen sich erst zwischen dem 12. und 16. Lebensmonat entwickelt. Das Alleinaufstehen ist das größte Ereignis in der frühen Kindheit und bildet das Ergebnis der Verarbeitung und Integration aller Informationen und Empfindungen aus den verschiedenen Teilen des Körpers.

> **Was brauchen Kinder in dieser Entwicklungsphase?**
> - Freiheit, um Neugier und Bewegungsdrang ausleben zu können
> - Nähe und Sicherheit durch die Eltern
> - Raum für die Entwicklung eigener Kräfte und Fähigkeiten (das Kind überwindet von sich aus die Schwerkraft und sollte nicht auf die Füße gestellt und frühzeitig zum Gehen animiert werden).
> - Lauflernhilfen („Geh-Frei" usw.) sind nicht nur verletzungsgefährlich, sondern behindern die Entwicklung integrierter Bewegungsabläufe und beeinträchtigen den Gleichgewichtssinn.

Stufen, Bretter, Röhren: Spiele für geschickte Krabbelkinder

Babys haben jetzt den Hang, die neu erworbenen Fortbewegungsmöglichkeiten immer wieder zu trainieren. Es bereitet ihnen sinnliches Vergnügen, über unterschiedliche Flächen zu krabbeln und dabei verschiedenartige Tastreize zu spüren.

Ein Krabbelspaziergang

Legen Sie unterschiedliche Materialien aus, z. B.:
- einen weichen Hirtenteppich
- ein Kopfkissen
- die Auflage eines Gartenstuhls
- eine saubere Fußmatte
- ein Stück Kunststoffrasenteppich
- ein Schaffell usw.

Lassen Sie die verschiedenen Bodenbeläge zu einem großen Spielfeld werden. Oder gehen Sie in den Garten: Ihr Baby krabbelt vielleicht über den Rasen, quer durch den Sandkasten, über eine Terrasse aus Waschbeton oder durch ein abgeerntetes Blumenbeet ...

Stufen überwinden

Beginnen Sie zunächst mit einem Podest (z. B. dem großen Polsterkissen Ihres Sofas) und schauen Sie, ob sich Ihr Baby von diesem Krabbelhindernis begeistern läßt. Anschließend können Sie mehrere Stufen bauen. Für Ihr Kind gibt es verschiedene Möglichkeiten, die unterschiedlichen Ebenen zu überwinden:

- Einige Babys **kriechen** oder **robben**. Dabei bleibt ihr Bauch am Boden. Auf die Unterarme gestützt, ziehen sie ihren Rumpf nach vorn.
- Andere **krabbeln** im Knie-Hände-Stütz. Hier ist der Rumpf völlig von der Unterlage abgehoben und parallel dazu. Das Körpergewicht ruht auf Knien, Fußrücken/Zehen und auf den Händen/Unterarmen.

– Auch im sogenannten „Bärengang", der meist nach Erlernen des Krabbelns auftritt, können Stufen überwunden werden. In der Bärenstellung befindet sich das Kind, wenn es sich auf seine Hände und Fußsohlen stützt, wobei Arme und Beine relativ gestreckt sind.

Auf Brettern und schiefen Ebenen

Schauen Sie sich in Ihrer Wohnung um, und suchen Sie nach einem breiten Brett, auf dem sich Ihr Baby sicher fortbewegen kann. Vielleicht eignet sich das ausgediente Brett eines Bücherregals zu diesem Zweck? Oder haben Sie andere Ideen? Legen Sie den „Klettersteig" an jeweils einem Ende auf eine dicke Matratze oder ein großes Polsterkissen, und beobachten Sie, ob sich Ihr Kind von diesem Aufbau anregen läßt. Manche Babys knien vielleicht zunächst davor (z. B. wenn ein Spielzeug oben aufliegt). Andere versuchen, sich an dem Brett aufzurichten. Später sind sie eventuell bemüht, auf diese Brücke zu klettern und sich dort weiter zu bewegen (im Knie-Hände-Stütz oder im Bärengang).

So schaffen Sie eine schräge Ebene:

Erhöhen Sie das Brett nun einseitig (zunächst sind wenige Zentimeter völlig ausreichend). Die schräge Ebene bietet den Vorteil, daß Kinder auch hinabrutschen können (z. B. rückwärts auf dem Bauch).

Babys wenden folgende Fortbewegungsarten an, wenn sie Hindernisse zu überwinden versuchen:

Kriechen

Krabbeln (Knie-Händestütz)

Bärengang

Robben

Gehen mit und ohne Festhalten (erst im 2. Lebensjahr)

Krabbelgarten

Sehen Sie sich doch einmal in Ihrer Wohnung um, und halten Sie Ausschau nach Gegenständen, die – hintereinander aufgestellt – zu Stationen eines längeren Krabbelwegs werden könnten. Hier einige Beispiele:
- aufblasbares Schwimmtier (z. B. Krokodil, Ente usw.)
- Luftmatratze
- Kinderplanschbecken ohne Wasser (wenig aufgeblasen kann es dazu auffordern, auf allen Vieren hinein und heraus zu klettern)
- schräges Brett, das an einer Seite auf einem Kissen liegt
- großer, flacher Pappkarton zum Drüberkrabbeln
- aufgestellter Karton ohne Boden zum Hindurchkriechen

Krabbelstrecken sind für pfiffige Krabbelkinder eine Herausforderung, um sich mit dem eigenen Körper, seinen Bewegungsmöglichkeiten und der Schwerkraft auseinanderzusetzen.

Auf in den Stand: Hochziehspiele

Das Kind zieht sich nun oft an Möbelstücken oder an einem Laufgitter zum Stehen hoch. Dabei richtet es sich meistens über den Ein-Bein-Kniestand auf, indem es sich mit den Händen an einem Gegenstand festhält, einen Fuß voransetzt und sein Körpergewicht darauf verlagert. Durch Streckung von Knie- und Hüftgelenken beim Aufrichten kommt auch der hintere Fuß in die vordere Position und somit werden beide Füße gleichermaßen belastet.

Tisch, Stühle und Kartons

Stühle, niedrige Schränke und Beistelltischchen dienen manchen Kindern als Hilfe beim Hochziehen in den Stand. Stabile Pappkartons, mit der breiten Seite nach unten auf den Boden gestellt, können ebenfalls beim Aufrichten in den Stand behilflich sein (vorausgesetzt, sie sind wirklich kippsicher!).

Die Kartons können auch zur Tasterfahrung dienen: Legen Sie doch einfach auf die verschiedenen Kartons unterschiedliche Felle oder Decken. Oft werden diese Auflagen eingehend betastet, untersucht und am Ende lustvoll heruntergezogen. Mehr Stabilität erhalten solche Kartons, wenn man sie mit einer Seite an eine stützende Wand lehnt.

Der Stuhlspaziergang

Lange Stuhlreihen (ca. 5–6 Stühle) animieren das Kind manchmal dazu, sich daran festzuhalten und seitlich einige Schritte zu wagen. Wenn Sie ein Spielzeug in einiger Entfernung vom Kind auf die Sitzfläche legen, so versucht es vielleicht, mit Seitwärtsschritten dorthin zu gelangen.

> **Von der Hocke in den Stand**
> Auch ohne den festen Halt an Gegenständen ist das Baby in der Lage, freihändig einen Positionswechsel vorzunehmen und sich in den Stand zu erheben. Kinder spielen in diesem Alter bevorzugt in der Hocke, und von dieser Hockstellung aus wechseln sie allmählich in eine stehende Haltung, indem sie die Knie durchstrecken und mit dem Po nach oben kommen. Beim Hochkommen aus der Hocke und beim Abstützen mit den Händen entsteht wie von allein der Hand-Fuß-Stütz (Bodenkontakt lediglich mit Händen und Füßen).

Wer kommt in meine Arme?
Spiele zum Laufenlernen

Hält der Erwachsene das Kind an einer oder an beiden Händen und läßt er es auf diese Weise einige Schritte gehen, so kann man dabei noch nicht vom freien Gang sprechen. Das Kind geht, wenn es sich mit aufgerichtetem Rumpf selbständig fortbewegt, indem es sein Gewicht bei jedem Schritt von einem Fuß auf den anderen verlagert und sich dabei nicht mehr festhalten muß, um sein Gleichgewicht zu wahren.

> **Reifung und Übung: Beides gehört zusammen**
> Der Mensch bringt bestimmte Bewegungsmuster mit auf die Welt, die sich zu einer bestimmten Zeit durch Reife entfalten. Aber ohne ausreichende Möglichkeiten zu aktiver Auseinandersetzung mit der Umwelt, ohne Übung und ohne die liebevolle Zuwendung anderer Menschen kann es keine vielseitigen Bewegungserfahrungen machen.
> Geben Sie dem Kind deshalb genügend Raum, in dem es sich frei bewegen kann. Vertrauen Sie auf seine Kräfte und Möglichkeiten. Verunsichern Sie das Kind nicht. Vermeiden Sie zu viele Hilfen!

Jetzt geht es los!

Geben Sie dem Baby, das z. B. zur Sicherheit noch an einem Möbelstück lehnt, ein Spielzeug in eine, später in beide Hände und beobachten Sie, ob es sein Gleichgewicht zu wahren vermag.

Häufig hält das Kind, während es die ersten Schritte freihändig wagt, tatsächlich ein Spielzeug in einer oder in beiden Händen, als ob es sich daran festhalten wollte. Die Fortbewegung ist meist noch unsicher, breitbeinig und wird durch ausgebreitete Arme und Hände unterstützt, um das Gleichgewicht über der Mitte der Füße besser ausbalancieren zu können.

In meine Arme!

Breiten Sie Ihre Arme aus und rufen Sie: „Wer kommt in meine Arme?"

Vielleicht bewegt sich das Baby jetzt mit wackeligen, tapsigen Schritten auf Sie zu und ist froh, sicher in Vaters oder Mutters Armen zu landen. Es tut dem Baby sicherlich gut, wenn es spürt, wie sehr sich seine Eltern über die neu erworbenen Fähigkeiten freuen, z. B. indem sie mit ihm kuscheln oder es vor Begeisterung in die Luft werfen. Allerdings streben auch viele Babys von den Eltern weg und wollen gar nicht in die Arme, sondern ganz woanders hin laufen, da sie jetzt durch die bisher nicht gekannte Mobilität immer mehr Gegenstände erreichen und die Wohnung erforschen können. Auf diese Weise eröffnet sich ihnen eine völlig neue Erlebenswelt.

Mit Daumen und Zeigefinger: Neue Greifspiele

Krümel, wo bist du?

Nun greift das Kind mit gestrecktem oder auch gebeugtem Daumen und Zeigefinger („Pinzetten-" bzw. „Zangengriff") nach kleinen und kleinsten Teilen (Krümel u. ä.), um sie aufnehmen, untersuchen und betrachten zu können.

Kommen Sie diesem Bestreben des Babys entgegen, indem Sie ihm solche winzigen, eßbaren und ungefährlichen Teilchen – wie z. B. Brot- und Brötchenkrümel, Haferflocken oder Rosinen – auf den Tisch legen und beobachten, ob es diese Nahrungsmittel mit zwei Fingern ergreift, damit zu hantieren beginnt und sie am Ende zum Verzehr in den Mund steckt.

Was steckt da im Karton?

Ein ganz einfaches Geschicklichkeitsspiel fertigen Sie aus einem Schuhkarton: Schneiden Sie eine tennisballgroße Öffnung in den Deckel des geschlossenen Kartons, und geben Sie dem Baby einen oder mehrere Bälle zum Experimentieren. Ihr Kind wird vielleicht nach mehreren Versuchen entdecken, daß man den Ball in die Öffnung stecken kann, daß er in den Karton plumpst und durch Abnehmen des Deckels wieder herauszunehmen ist.

Ich spüre den Sand und rieche das Gras: Spiele in der Natur

Jetzt finden viele Kinder Gefallen daran, den hautnahen Kontakt mit Sand, Erde, Steinen, Blättern und Gras zu erleben, der zu einem vielseitigen sinnlichen Vergnügen werden kann. So ist z.B. der Sandkasten für das einjährige Kind ein wunderbarer „Greifraum", der es ermöglicht, in die Tiefe hineinzugehen und das Ergriffene gleich mit den Händen zu gestalten.

Darüber hinaus bieten Blätter, Zweige, Gras, Rinde und Steine interessante Tasterfahrungen im Garten. Bei Kindern, die noch sehr viel in den Mund stecken, ist allerdings Vorsicht geboten!

„Schnipp", Vaters Heckenschere hat gearbeitet ... Zurück bleibt ein großer Haufen aus Zweigen und Blättern, der viel zu schade ist, um vorschnell auf dem Kompost zu landen. Eine gute Gelegenheit für kleine Gärtnerhände, um sich hautnah und ausdauernd an dem üppigen Blätterwerk erfreuen zu können.

Für den Sandkasten
Joghurtbecher mit Löchern in der Unterseite (mit heißer Stricknadel hinein schmelzen) sind im Sandkasten sehr begehrt. Wie faszinierend ist es, die Becher mit Sand zu füllen und den Inhalt wieder heraus rieseln zu sehen.

Übrigens können Sie auch Schüsseln, Sieb und verschiedene Löffel aus der Küche als Spielzeug in den Sandkasten geben. Auch Blätter und kleine Stöcke vom Baum lassen sich im Sandkasten als Gestaltungsmaterial verwenden.

Oder sie probieren es mit dem „spielzeugfreien" Sandkasten. Hier schöpft und gestaltet das Kind nur mit seinen Händen und macht dabei wichtige sinnliche Erfahrungen.

Komm in mein Kuschelhaus: Schmuseecken zur Entspannung

Das Baby an der Schwelle zum Kleinkindalter hat neben seinem Bewegungsdrang auch das Bedürfnis nach Anlehnung und Ruhe. Vielleicht gibt es im Kinderzimmer bereits eine Ecke mit Matratzen und Kissen, wo sich das Kind bei Bedarf ausruhen und ankuscheln kann. Diese stille Kuschelecke kann bis

Kuckuck und Hallo. Das Schmusehaus eignet sich auch für Versteck- und Tobespiele.

ins Vorschulalter – ja sogar länger – bestehen bleiben und dann zur gemütlichen Bilderbuch- und Leseecke umfunktioniert werden. Besonders beliebt ist ein Versteck- oder Schmusehaus. Besorgen Sie sich einen großen Pappkarton (z.B. für Waschmaschinen o. ä.) und schneiden Sie Tür und Fenster hinein. Bemalen Sie den Karton von außen mit Plakafarbe, und polstern Sie den Innenraum durch Kissen, Decken oder Felle aus.

Knuddelsack

Füllen Sie einen Kissen- oder Bettbezug mit einem der folgenden Materialien: wenig aufgeblasene Luftballons, Schaumgummireste, Styroporschnee o. ä. Viele Kinder lassen sich lustvoll in solche weichen Polster hineinplumpsen.

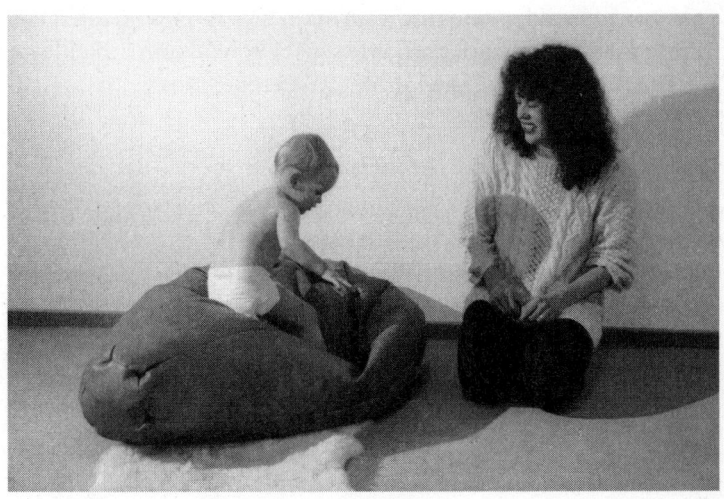

In meiner Badewanne bin ich Kapitän!
Spiele beim Planschen, Haarewaschen und Kämmen

Körperpflege bedeutet intensive Zuwendung zwischen Eltern und Kind. Ob beim Baden, Haarewaschen oder Kämmen: Immer wieder ergeben sich Gelegenheiten, diese alltäglichen Verrichtungen mit einem kleinen Spiel zu verbinden.

Spiele mit Wasser bereiten großes sinnliches Vergnügen, denn kaum etwas ist so genußvoll, wie das Planschen und Schöpfen im nassen Element.

Ein See aus Bällen

Wenn Ihr Baby selbständig in der Badewanne sitzen kann, dann erfreuen Sie es mit vielen kleinen Bällen, die Sie ihm einfach ins Wasser kippen. Die Spielidee eignet sich auch für das Planschbecken im Garten.

Becher zum Schöpfen und Gießen

Darüber hinaus ist das Kind jetzt auch begeistert von allen Gegenständen, mit denen man Wasser schöpfen kann, z.B. kleine Schüsseln und Becher aus ihrem Küchenschrank.

Wenn aus einem Joghurtbecher eine kleine Dusche werden soll, dann schmelzen Sie doch mit Hilfe einer heißen Stricknadel Löcher in den Boden. Wird nun der Becher mit Wasser gefüllt, so rinnt es wie bei einer Brause in hauchdünnen Strahlen heraus.

Jetzt geht es ans Haarewaschen

Haare waschen, Haare waschen   Singen Sie während des
sollte jedes Kind.   Haarewaschens und
Haare waschen, Haare waschen   rubbeln und massieren Sie
bis sie sauber sind.   Kopfhaut und Haare
Sind sie endlich sauber ja,   des Kindes.
doch leider ist kein Handtuch da.
Drum müssen wir sie schütteln,
schütteln, schütteln, schütteln,
drum müssen wir sie schütteln
bis sie trocken sind.

Haare waschen — in einer Kindergruppe gelernt

Haa - re wa - schen, Haa - re wa - schen soll - te je - des Kind.
Haa - re wa - schen, Haa - re wa - schen, bis sie sau - ber sind.
Sind sie end - lich sau - ber ja, doch lei - der ist kein Hand - tuch da. Drum
müs - sen wir sie schüt - teln, schüt - teln, schüt - teln, schüt - teln, drum
müs - sen wir sie schüt - teln, bis sie trok - ken sind.

Der Spruch zum Kämmen

*Ei, ei, ei,
ich komme jetzt herbei!
Ich bin ein bißchen stachelig,
ich bin ein bißchen kuschelig,
und auch ein bißchen wuschelig,
und mache dich jetzt fein.
Fein, fein, fein!!!*

Bürsten Sie die Babyhaare mit einem weichen Bürstchen.

(B. Wilmes-Mielenhausen)

Früh mit dem Zähneputzen beginnen

Gegen Ende des 1. Lebensjahres sollten Eltern ihrem Kind die erste Zahnbürste kaufen. Es gibt sogenannte Lernzahnbürsten zum Herumkauen. Wichtig ist jedoch noch nicht die exakte Putztechnik, sondern die Gewöhnung an den Gebrauch der Zahnbürste.

Schritte ins Leben

Das zweite Lebensjahr beginnt

Kein Baby mehr: Was ich schon alles kann

Nun ist es endlich soweit: Das Baby feiert seinen ersten Geburtstag. Allerdings verabschieden sich nur etwa die Hälfte aller Kinder von zurückliegenden Babytagen, indem sie die ersten eigenen Schritte gehen. Aber mit **vierzehn** bis **sechzehn** Monaten beherrschen nahezu alle Kinder diese wichtige motorische Fähigkeit, die gleichzeitig verdeutlicht, daß sie nun nicht mehr Teil der Mutter sind und eigene kleine Wege gehen können.

Die Entwicklung des Selbstwertgefühls schreitet voran. Das Kind ist der Erdschwere nicht mehr ausgeliefert, es kann aufrecht stehen, sich im Raum bewegen, Hindernisse überwinden, sich verstecken und wieder auftauchen, da es seinen Körper zunehmend einschätzen und Bewegungen steuern kann.

Trotz dieser neuen Selbständigkeit brauchen Kleinkinder in diesem Alter nach wie vor viel Unterstützung, Ermutigung und angenehme Körperempfindungen.

Neben Verständnis und Nähe ist jedoch auch eine sichere, konsequente Führung seitens des Erwachsenen sinnvoll, die Halt und Orientierung vermittelt. Häufig ist das Kind im Zwiespalt zwischen der neuen Freiheit einerseits und den leider noch begrenzten Fähigkeiten andererseits. Immer wieder gerät es aus der Fassung, wenn bestimmte Tätigkeiten noch nicht so recht klappen wollen.

Kleinkinder experimentieren im zweiten Lebensjahr mit unterschiedlichsten Aktivitäten: Sie lieben Ein- und Ausräumen, Aufheben und Wegwerfen, Ziehen an Gegenständen oder Treppensteigen. Sie erfreuen sich an Tätigkeiten wie Schaukeln, Flugzeugspielen an den Armen des Erwachsenen, Reiten auf dem Rücken der Eltern oder Karusselldrehen dicht an Papas oder Mamas Körper.

Mit etwa achtzehn Monaten kann das Kind sogar rückwärts gehen und sich während des Vorwärtsgehens abbremsen. Die anfänglich etwas tapsig erscheinenden, breitbeinigen Bewegungen werden harmonischer. Sein Gleichgewichtssinn ist besser ausgebildet, selbst wenn es immer noch stolpert oder mit Gegenständen so „ungeschickt" hantiert, daß sie ihm aus der Hand fallen. Dies wird noch eine Weile so bleiben. Dennoch haben die Bewegungen des kleinen Kindes einen ganz natürlichen Zauber und eine eigenwillige Harmonie.

Kinder im 2. Lebensjahr beginnen damit, Berührungen genau zu lokalisieren. Sie entwickeln ein Vorstellungsbild über den eigenen Körper (Körperschema), das sie später zur Planung und Steuerung von Bewegungen nutzen können.

Außerdem beginnt nun die eigentliche Sprachentwicklung. Bis zum Alter von **18 Monaten** hat das Kind einen Sprachschatz bis zu 20, mit **zwei Jahren** bis zu etwa 50 Wörtern. Aber auch hier gibt es große individuelle Unterschiede.

Das Kind kann jetzt vielleicht einen Turm aus zwei Klötzen bauen, mit einem Stift zeichnen und die Seiten eines Bilderbuches umblättern. Es ahmt Mutter und Vater bei häuslichen Verrichtungen nach und hilft gern bei der Hausarbeit. Es möchte viele Dinge selber machen und benutzt gegen **Ende des zweiten Lebensjahres** vielfach das Wort „nein", um seiner wachsenden Eigenständigkeit und dem keimenden Ich-Bewußtsein Ausdruck zu verleihen.

Mein erster Geburtstag ist heut!

Beim ersten Geburtstag weiß das Kind natürlich noch nicht, um welch wichtiges Fest es sich handelt. Trotzdem können Sie ihm das Gefühl vermitteln, daß es an diesem Tag Hauptperson ist. Kleine Lieder, Geschenke und eine brennende Kerze begeistern schon die Kleinsten:

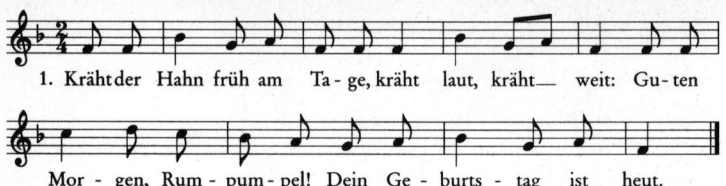

Kräht der Hahn

Kräht der Hahn früh am Tage,
kräht laut, kräht weit:
Guten Morgen, Rumpumpel!
Dein Geburtstag ist heut.

Wecken Sie das Kind mit diesem Lied. Winken Sie ihm zu, klatschen Sie, heben Sie es dann aus dem Bett und lassen Sie es hüpfen und tanzen.

Guckt das Eichhörnchen runter:
Wenig Zeit, wenig Zeit!
Guten Morgen, Rumpumpel!
Dein Geburtstag ist heut.

Kommt das Häschen gesprungen,
macht Männchen vor Freud:
Guten Morgen, Rumpumpel!
Dein Geburtstag ist heut.

Steht der Kuchen auf dem Tische,
macht sich dick, macht sich breit:
Guten Morgen, Rumpumpel!
Dein Geburtstag ist heut.

Trallalallala

Die Maren hat Geburtstag,
trallalallala,
die Maren hat Geburtstag,
trallalallala.

Lassen Sie das Kind zu dem Lied auf ihrem Schoß hüpfen.

*Da freun sich alle Gäste, trallalallala,
da freun sich alle Gäste, trallalallala.*

*Da freut sich auch die Mama,
trallalallala, ...
da freut sich auch der Papa,
trallalallala ...*

(die Meike, der Klaus, die Lea usw.)

> **Den besonderen Tag erleben**
> Kleine Kinder lieben es, Geschenke auszupacken. Lassen Sie sie das Papier aufreißen und selber nachsehen, was darin ist. Die Papierreste können Sie in einem großen Karton aufheben. Sie lassen sich für eine „Papierschlacht" oder Tastspiele verwenden.
>
> Vielleicht stellen Sie dem Kind auf seinen Platz beim Frühstück eine Schwimmkerze in einem Wasserglas. Das ist ungefährlich und fasziniert die Kleinen. Auch Luftballons an der Decke machen Spaß.
>
> Begehen sie den Tag mit besonders viel Ruhe und Muße.

Was kleine Kinder beim 1. Geburtstag gerne spielen:

- Seifenblasen fangen und patschen
- Geschenkpapier knüllen
- Spiele mit fliegenden Luftballons
- Luftschlangen fetzen
- Dosen aus- und einräumen
- Kartons zum Rein- und Rausklettern
- Kleine Wanne gefüllt mit unterschiedlichen Materialien (z.B. Bälle, Kastanien, Papier ...)
- Berg aus Matratzen und Kissen
- Kletterlandschaft im Freien (z. B. aus Kisten, Kartons, Matten, Krabbeltunnel)
- Wasserspiele im Sommer (Gießkannen, Schöpfbecher fürs Planschbecken)

Seifenblasen für das Geburtstagskind. Wenn mehrere kleine Gäste da sind, werden auch sie sich davon anregen lassen, die schillernden Blasen zu bestaunen und zu fangen.

So wird der Geburtstag zu einer runden Sache
Kleine Kinder brauchen noch kein großes Fest. Vielleicht kommen ein oder zwei andere Kinder mit Eltern zu Besuch. Gemeinsam mit den Paten des Kindes ist die Runde dann schon groß genug.

Beginnen Sie das Fest mit einem kleinen Geburtstagslied oder Fingerspiel, zu dem alle Gäste im Kreis sitzen. Das macht bereits den kleinen Geburtstagskindern großen Spaß.

Da kleine Kinder schnell ermüden, sollte das Fest nicht zu lange dauern. Beschließen Sie den Tag ruhig wieder im Kreis, vielleicht mit einem Vers, Fingerspiel oder einem Lied, zu dem die Kinder auf dem Arm im Kreis herum getragen werden.

Schieb ein bißchen: Schieben und Nachziehen

Im zweiten Lebensjahr übt des Kind die unterschiedlichsten Bewegungsformen. Es findet besonders Gefallen daran, Dinge zu schieben oder hinter sich her zu ziehen. Wenn Sie diese Vorliebe bei Ihrem Kind beobachten, dann können Sie ihm entsprechende Materialien zur Verfügung stellen.

Püppchen im Karton

Geben Sie dem Kind einen leeren Schuhkarton, an dem Sie ein Band befestigt haben, zum Transport von Bausteinen, Stofftieren oder anderen beliebten Gegenständen, oder setzen Sie einen kleinen Zwerg oder ein Püppchen in einen Eierkarton, der als Schiff oder Eisenbahn durch die Wohnung gezogen werden kann.

Einsteigen, die Fahrt geht los!

Dazu brauchen Sie einen großen Pappkarton oder einen Wäschekorb und einen dicken Bindfaden. Das Kind krabbelt in den Karton oder Korb und wird von einem Erwachsenen durch den Raum gezogen.

Wenn es noch schneller gehen soll, dann nehmen Sie ein Rollbrett, wie man es z. B. beim Transport von Möbeln einsetzt. Stellen Sie den Karton auf das Brett und ziehen oder schieben Sie das Kind durch die Wohnung oder den Garten. Ältere Laufkinder schieben auch gern einen Spielgefährten durchs Zimmer. Sie üben dabei die Orientierung im Raum und die Steuerung von Bewegungen.

Schiebt ein bißchen

Auf der Eisenbahn
sitzt ein schwarzer Mann,
der macht Feuer an,
daß man fahren kann.

Kinderlein, Kinderlein, faßt Euch an,
wir fahren mit der Eisenbahn.
Helft ein bißchen,
helft ein bißchen,
geht schon besser,
geht schon besser,
immer schneller,
immer schneller,
Tsch, tsch, tsch.

Wenn Sie Ihr Kind in einem Karton oder Wäschekorb schieben oder ziehen, können Sie das Lied von der Eisenbahn dazu singen.

Schiebt ein bißchen — überliefert

Auf der Eisenbahn sitzt ein schwarzer Mann, der macht Feuer an, daß man fahren kann. Kinderlein, Kinderlein, faßt Euch an, wir fahren mit der Eisenbahn. Helft ein bißchen, helft ein bißchen, geht schon besser, geht schon besser, immer schneller, immer schneller. Tsch, tsch, tsch

Rein und raus: Packen und Räumen

Kleinkinder sind oft leidenschaftlich damit beschäftigt, Schubladen und Schränke zu öffnen und zu schließen, Gegenstände herauszunehmen, zu werfen, wieder zu holen, einzuräumen und in scheinbar unerschöpflicher Neugier und Energie das Spiel von neuem zu beginnen.

> **Das ist mein Revier**
> Geben Sie dem Kind ein Schrankfach oder eine Schublade (z.B. in der Küche) als sein „Revier", und lassen Sie es nach Herzenslust ungefährliche Haushaltsgegenstände aus- und einräumen. Bleiben Sie jedoch konsequent. Schubladen und Bereiche außerhalb „seines Reviers" sind verboten. Sagen Sie klar und deutlich „nein", denn Gefahrenbereiche müssen tabu sein!

Außer der alltäglichen Wohnumwelt können Sie der kindlichen Freude am Ein- und Ausräumen, Wegwerfen und Wiederholen durch folgende Experimentierspiele gerecht werden:

Sammelkörbchen

Sammeln Sie mit dem Kind Kieselsteine, Tannenzapfen, kleine Äste, Zweige, Blätter oder Muscheln in der freien Natur. Die Materialien kann man in Behältern aufbewahren, man kann sie immer wieder ausleeren, einräumen, umräumen.

Krimskrams

Zusammengeknülltes Papier, Stofftücher, Luftballons oder Papprollen sind beliebte Materialien, die oft viel mehr Möglichkeiten zu kreativem Spiel beinhalten als fertig gekauftes Baby- und Kleinkinderspielzeug. Ebenso eignen sich Keksdosen, Becher oder Vorratsschachteln zum Hineingreifen, Ineinanderstecken oder Auftürmen.

Rauf und runter: Klettern und Rutschen

Fast jeder, der Kleinkinder beobachtet, wird es bestätigen: Mauern, Podeste, Stühle, Stufen oder schiefe Ebenen ziehen kleine Kletterkünstler wie magisch an und ermöglichen Erfahrungen mit dem eigenen Körper, der Schwerkraft und dem Raum.

Stufen in der Wohnung
Erfahrungen mit Stufen können Sie dem Kind fast überall in der Umgebung ermöglichen. Nur keine Angst! Ermahnungen durch Erwachsene verunsichern das Kind. Die Kleinen sind meist von Natur aus vorsichtig und oft sicherer als wird denken. Natürlich werden Sie sich immer in der Nähe des Kindes aufhalten und es aufmerksam beobachten. Lassen Sie Ihr Kind ruhig ein paar Stufen einer Haushaltsleiter hochklettern, und geben Sie ihm immer wieder Gelegenheit, Treppen zu steigen (z. B. im Hausflur).

Kletterkisten

Das Kind (Foto) hat sich eine Bewegungsaufgabe selbst gestellt. Aus eigenem Antrieb leert es eine Spielzeugkiste aus, dreht sie um und klettert hinauf. Es gelingt ihm, hockend sein Gleichgewicht zu halten.

Drehen Sie Spielzeugkisten (z. B. aus Holz) einfach um und bauen Sie daraus einen Klettersteig. Achten Sie auf Kippsicherheit! Läßt sich Ihr Kind von der Idee begeistern und wagt jetzt einen vorsichtigen Spaziergang über die Kisten? Halten Sie es am Anfang unter den Armen fest, bis es ein sicheres Gefühl für den Untergrund bekommt und das Gleichgewicht ausbalancieren kann.

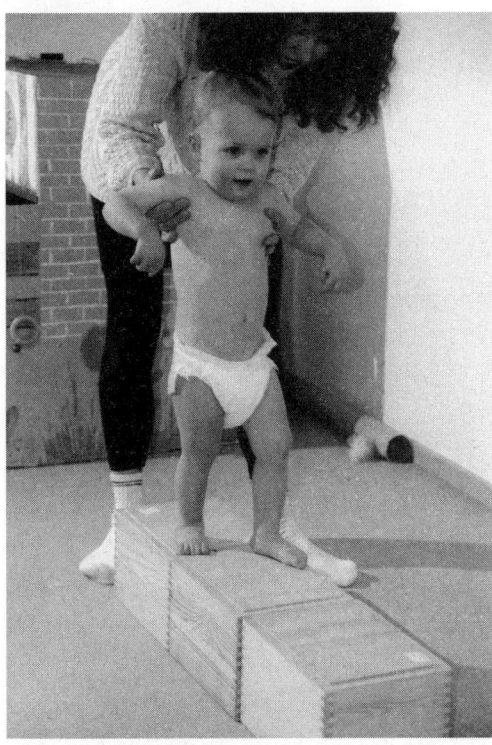

Gemeinsam mit der Mutter entwickelt sich kurze Zeit später ein neues Spiel: Nun werden mehrere Spielzeugkisten hintereinander aufgestellt. Die ersten Schritte geht das Kind mit Unterstützung der Mutter, doch schon bald deutet sein forderndes „leine gehen" an, daß es auf die eigenen Kräfte vertraut und seinen Weg ohne Hilfe fortsetzen möchte.

Wir bauen eine Rutsche

Bauen Sie eine Rutschbahn, z. B. aus einem Bügel- oder Regalbrett, und legen Sie das Brett auf einen Sessel, ein Sofa oder zwischen die Stufen einer Sprossenwand. Sie können das Brett auch auf Ihren eigenen Schoß legen, während Sie auf einem

Mal auf dem Po, mal auf dem Bauch – rutschen macht dem Kleinsten Spaß!

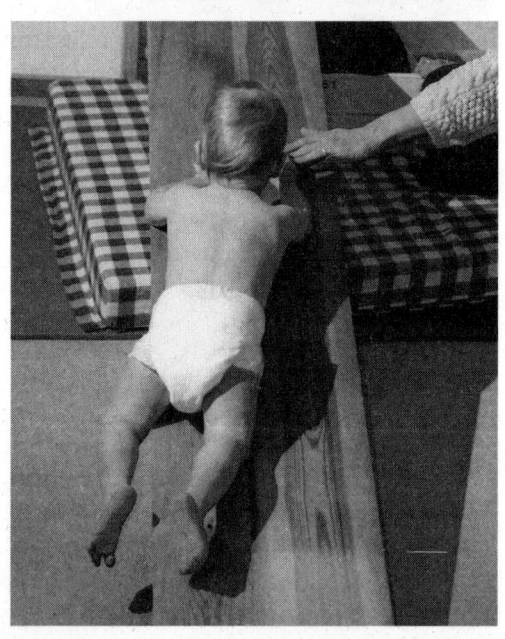

Stuhl sitzen, und die Enden festhalten. In diesem Falle sollte jedoch noch ein anderer Erwachsener anwesend sein, der dem Kind, wenn nötig, während des Rutschens Hilfestellung gibt. Prüfen Sie in allen Fällen, ob das Rutschbrett die notwendige Kippsicherheit hat!

Spiele mit dem Rutschbrett:

- vorwärts und rückwärts hoch- und runterkrabbeln (auch im „Bärengang")
- aufrecht rauf- und runterlaufen (mit Hilfestellung)
- bäuchlings oder auf dem Po hinabrutschen, wobei das Kind oft noch mit den Beinen und Armen „mitarbeitet", um von der Stelle zu kommen

„Ab in die Kissen"

Nehmen Sie ein aufblasbares Gartenplanschbecken und legen Sie viele weiche Kissen oder Kunststoffbälle hinein. Stellen Sie das schräge Rutschbrett nun so hin, daß Ihr Kind bequem in den Kissenhaufen oder die Bälle rutschen kann.

Auch der Knuddelsack ist ein angenehm weiches Ziel, das am Ende der Rutschpartie warten kann. Wer mit nackten Beinen rutscht, der kann die Bewegungen noch gut bremsen. Glatte Strumpfhosen haben dagegen den Vorteil, daß sie beschleunigen und einfach mehr Spaß bereiten. Eventuell Matten oder Decken rechts und links neben das Rutschbrett legen bzw. durch den Erwachsenen Hilfestellung anbieten.

Hin und her: Schaukelspiele

Schaukeln ist „gesund". Durch Schaukeln und Wiegen wird der Gleichgewichtssinn des Kindes angesprochen. Es muß seinen Körper den Schaukelbewegungen anpassen. Ein Kind auf einem Schaukelpferd, einer Gartenschaukel oder Mattenwiege wird sich meist so verhalten, daß sich seine Körperbewegungen in Übereinstimmung mit den Empfindungen der Erdschwere und der Schaukelbewegung befinden. Anpassungsreaktionen ermöglichen eine Verarbeitung sinnlicher Reize und helfen dem Gehirn, sich zu ordnen und zu entwickeln. Deshalb sollten sie das Kind so häufig wie möglich schaukeln lassen.

Schaukeltuch

Dazu benötigen Sie eine Decke und einen zweiten Erwachsenen. Vielleicht legen Sie zunächst eine Puppe oder einen Ball auf die Decke, greifen zu zweit die Enden und schaukeln das Spielzeug hin und her. Möchte jetzt Ihr Kind einsteigen? Manche Kinder lassen sich gern schaukeln. Anderen ist dies eher unheimlich. Achten Sie darauf, daß Ihr Kind während des Schaukelns Ihr Gesicht sehen kann und singen Sie dazu ein kleines Wiegenlied.

Fahrbarer Untersatz

Legen Sie so viele kleine Bälle, wie Sie finden können, unter eine dicke Schaumstoffmatte oder Matratze und lassen Sie Ihr Kind darüber krabbeln bzw. bewegen Sie es, während es auf der Matte liegt oder sitzt, vorsichtig hin und her. Die vielen Bälle wirken wie kleine Rollen und bieten eine Vielzahl an unterschiedlichen Bewegungsmöglichkeiten.

> **Schaukeln in Haus und Garten**
> Ungefähr ab dem ersten Geburtstag genießen Kleinkinder die erste Gartenschaukel (mit Schutzgitter). Schaukeln Sie Ihr Kind und singen Sie ein Lied dazu. Man kann Kinder übrigens nicht nur vor und zurück, sondern auch nach rechts und links oder im Kreise schaukeln.
>
> Auch das Schaukelpferd ist ein lustiges Spielgerät. Dabei ist es gar nicht so einfach, ohne Hilfe auf das Pferd hinauf und später wieder hinabzusteigen. Ganz mutige Kletterkünstler stellen sich sogar auf die Sitzfläche und halten sich dabei an den Haltegriffen fest.

Schaukelspruch

Bäume schaukeln,
Busse schaukeln,
Gondeln schaukeln,
hin und her.

Enten schaukeln,
Schiffe schaukeln,
schaukeln, schaukeln
auf dem Meer.

Du kannst schaukeln,
ich kann schaukeln,
alle schaukeln
kreuz und quer.

Sprechen Sie den Spruch
beim Schaukeln, z.B. bei
der Gartenschaukel,
dem Schaukeltuch o.ä.

(B. Wilmes-Mielenhausen)

Rund herum: Drehen und Schweben

Genauso wie Schaukeln, Wiegen, Rutschen und Wippen gehört auch das Drehen zu jenen Bewegungen, die kleinen Kindern meist große Freude bereiten. Die meisten Kinder folgen einem inneren Drang zur Erforschung der Schwerkraft und beschäftigen sich intuitiv mit Reizen, die den Bewegungs- und Gleichgewichtssinn entwickeln helfen.

Allerdings sollten wir die Reaktionen des Kindes aufmerksam beobachten. Nicht alle Kinder mögen es, in die Luft gewirbelt, schwebend gehalten oder im Kreis herum gedreht zu werden.

Brechen Sie das Spiel gleich ab, wenn Ihr Kind ängstlich reagiert. Wiederholen Sie das Spiel eventuell zu einem späteren Zeitpunkt!

Kreiselspiel

Dreh dich, kleiner Kreisel
Dreh dich immerzu
Und rundherum und rundherum,
jetzt kommst du.

Drehen Sie sich mit Ihrem Kind um die eigene Achse im Kreis herum.

Und so halten Sie Ihr Kind beim Drehen:
- Umschließen Sie den Oberkörper des Kindes, indem Sie von hinten unter seinen Armen durchgreifen und Ihre Hände vor der Brust des Kindes falten.
- Oder lassen Sie Ihr Kind auf Ihren Unterarmen sitzen. Ihre eigenen Hände sind gefaltet und befinden sich in Höhe der Kniekehlen des Kindes. Während des Drehens hält sich Ihr Kind an Ihren Unterarmen fest.

Das bekannte Lied vom Karussell — überliefert

Auf der grünen Wiese steht ein Karussell.
Manchmal fährt es langsam, manchmal fährt es schnell.
Anhalten, einsteigen, festhalten.
Alle Kinder drehen sich im Kreis herum.

Das Lied von Karussell

Auf der grünen Wiese
steht ein Karussell.
Manchmal fährt es langsam,
manchmal fährt es schnell.
Anhalten, einsteigen, festhalten!

Drehen Sie sich mit Ihrem Kind auf dem Arm im Kreis herum. Bei dem Wort Anhalten bleiben sie stehen.

*Alle Kinder drehen sich im
Kreis herum.*

Zum Schluß drehen Sie
sich noch einmal kräftig
im Kreise herum.

Ringel, Ringel

*Ringel, Ringel, Reihe!
Sind der Kinder dreie.
Sitzen unterm Holderbusch,
schreien alle.
Husch, husch, husch!*

Wieder drehen Sie sich
mit dem Kind im Kreis
herum. Bei husch-husch
setzen Sie sich auf den
Boden.

(überliefert)

Was bewegt sich da? Alles, was rollt

Das Kind findet jetzt besondere Freude an beweglichen Dingen, z.B. am Spiel mit Kreisel, Stehaufmännchen, Purzelwicht, Kugelbahn und Bällen. Gerade der Wechsel im Bewegungstempo, das Auspendeln, Taumeln, Kippen und Fallen von Spielobjekten fesseln die Aufmerksamkeit, ziehen geradezu in Bann.

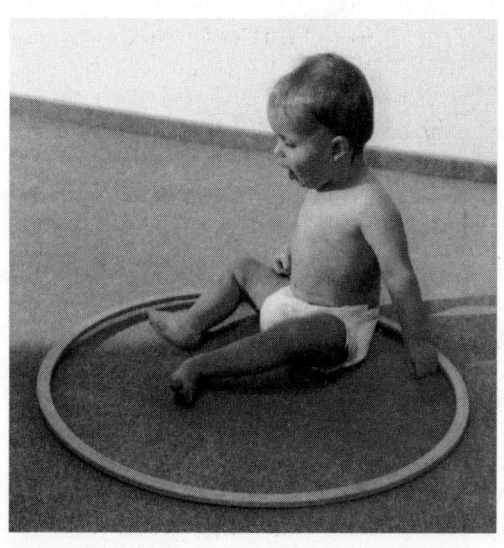

Dreh dich mein Reifen

Eine schöne Verbindung zwischen Sehen, Bewegen und Tasten bildet das Drehspiel mit einem Reifen. Nehmen Sie einen Gymnastikreifen, stellen ihn senkrecht auf und drehen ihn um die eigene Achse. Das Kind kann die Bewegungen beobachten und hat meist große Freude, wenn der Reifen schließlich taumelt und zu Boden stürzt. Zum Schluß kann sich das Kind in die Mitte des Reifens setzen.
Auch Topfdeckel, Flaschen, leere Gläschen von Babynahrung oder Papprollen lassen sich um die eigene Achse drehen. Dies gelingt besonders gut auf glattem Untergrund.

Kullerröhren

Dazu brauchen Sie ein oder zwei lange Papprollen (Küchenpapier, Verpackungsmaterial), die Sie entweder einzeln benutzen oder durch Klebeband aneinander fügen. Nun kann Ihr Kind dicke Glasmurmeln, Holzkugeln, Kastanien oder kleine Bälle in die Röhren hineinstecken und sie am anderen Ende wieder herauspurzeln lassen. Achten Sie bei kleinen Murmeln auf die Gefahr des Verschluckens!

Roll den Ball

Schon kleine Kinder haben Spaß an Ballspielen. Selbst wenn Sie Bälle meist noch nicht fangen können, so laufen sie doch einem rollenden Ball voll Begeisterung hinterher, nehmen ihn mit den Händen auf, lassen ihn wieder zu Boden fallen oder werfen ihn mit beiden Händen von sich. Wenn Sie diese Vorlieben bei Ihrem Kind beobachten, dann ist es vielleicht Zeit für ein gemeinsames Ballspiel:
Dazu sitzen Sie Ihrem Kind mit gegrätschten Beinen gegenüber. Rollen Sie sich nun gegenseitig einen Ball zu. Sie können den Ball auch zunächst um den Körper herum und dann dem Kind zurollen. Sie können den Ball sitzend mit den Füßen wegstoßen, ihn in der Mitte einmal aufticken oder im Stehen den Ball rückwärts durch die eigenen Beine rollen lassen.

Umgang mit dem Ball
Vorformen des Werfens können wir schon im ersten Lebensjahr beobachten. Das Kind wirft den Ball meist im Stand und aus dem Handgelenk heraus. Mit etwa 20 Monaten kann man ihm einen Ball auf die gestreckten Arme legen, der jedoch meist herunter rollt. Auch beim Fangen aus der Luft fällt der Ball auf die Erde, da die Koordination von Augen und Hand noch nicht entsprechend funktioniert. Erst mit etwa drei Jahren kann das Kind einem fliegenden Ball die Arme entgegen strecken und ihn (gelegentlich) fangen. Erste Spiele mit dem Ball sind also lediglich Roll- oder Wurspiele, aber noch keine Auffangspiele. Sogenannte Softbälle oder Overbälle, die federleicht sind und bei Berührung nachgeben, erleichtern die Handhabung. Darüber hinaus sind sie „wohnungsfreundlich", da sie gegen Möbelstücke oder Fensterscheiben fliegen können, ohne Schaden anzurichten.

Kuckuck, wo bin ich? Versteck- und Suchspiele

Verstecken und Suchen sind eine gute Möglichkeit, Raumvorstellung und Körperwahrnehmung zu entwickeln.
Im zweiten Lebensjahr versteckt sich das Kind besonders gern, z. B. unter einem Tuch, hinter einem Sofa, in einem Pappkarton oder Krabbeltunnel.
Für Versteckspiele sind Tücher als Hilfsmittel geeignet, da sie Verschwinden und Wiederauftauchen in ganz kurzen Intervallen und mit einem immer neuen „Kuckuck"- und Überraschungseffekt ermöglichen. Zudem ergeben sich daraus oft schöne Partnerspiele, wobei Mutter/Vater und Kind im Wechselspiel unter dem Tuch verschwinden.

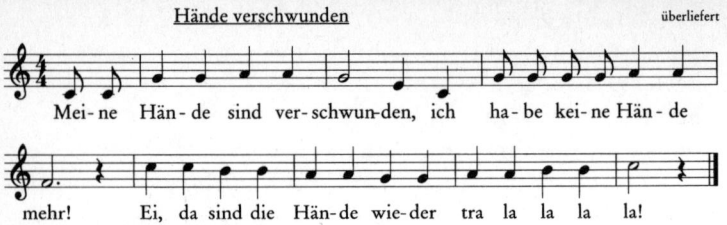

Hände verschwunden — überliefert

Mei-ne Hän-de sind ver-schwun-den, ich ha-be kei-ne Hän-de mehr! Ei, da sind die Hän-de wie-der tra la la la la!

Verschwundene Hände

Meine Hände sind verschwunden,
ich habe keine Hände mehr!
Ei, da sind die Hände wieder
Tra-la-la-la-la!

erstecken Sie die Hände, oder andere Körperteile unter einem Tuch und lassen Sie die Hände dann wieder auftauchen!

Variation: Sie können auch den Teddy oder ein anderes Spielzeug verschwinden lassen.

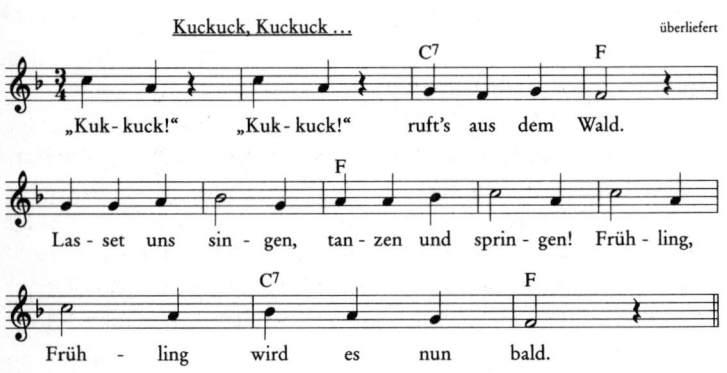

Kuckuck, Kuckuck … — überliefert

„Kuk-kuck!" „Kuk-kuck!" ruft's aus dem Wald. Las-set uns sin-gen, tan-zen und sprin-gen! Früh-ling, Früh-ling wird es nun bald.

Der Kuckuck

Kuckuck, Kuckuck,
ruft´s aus dem Wald.
Lasset uns singen,

Legen Sie dem Kind ein hauchdünnes Tuch übers Gesicht, und ziehen sie

*tanzen und springen,
Frühling, Frühling,
wird es nun bald.*

es mit dem Kuckucklied
wieder weg.

Es macht noch mehr Spaß, wenn das Kind das Tuch selber wegzieht.

Extratip: Tücher herstellen
Besitzen Sie alte Stoffwindeln? Färben Sie die federleichten Tücher mit Stoffarbe in verschiedenen Farbtönen ein. Verstecken Sie unter dem Tuch den Kopf oder andere Körperteile (Hände, Knie, Bauch, Füße, Augen . . .). Diese Stofftücher können Ihr Kind über lange Zeit begleiten, da sie für Turnspiele, Feste oder als farbige Unterlage beim Bauen (als Wiese, See, Kornfeld etc.) später weiterhin verwendet werden können.

Ist das kuschelig: Mit Kissen und Decken

Kinder lieben kuschelig weiche Kissen. Suchen Sie in der Wohnung doch einmal alle Kissen zusammen, die Sie finden können. Schon beginnt das Spielvergnügen!

Der Kissenturm

Aus Kissen kann man einen hohen Turm bauen. Wie viele Kissen lassen sich übereinander stapeln, bis das Bauwerk einstürzt?

Die Kissenstraße

Legen Sie die Kissen hintereinander zu einer langen Straße und warten Sie ab, welche Spielidee sich daraus entwickelt. Man könnte auf allen Vieren die Straße entlang krabbeln. Man könnte vorsichtig darüber gehen. Wenn die Kissen in kurzen Abständen auf den Boden gelegt werden, kann das Kind mit ihrer Hilfe von einem Kissen zum anderen springen. Dazu heben Sie es in die Luft und lassen es sanft wieder landen.

Der Wühlberg

Wie wäre es mit einem riesigen Kissenhaufen, der vielleicht dazu auffordert, sich mit Anlauf einfach hineinfallen zu lassen?

Türmen Sie die Kissen gemeinsam mit dem Kind zu einem Berg. Vielleicht möchten Sie zum Schluß noch eine Decke über den Berg legen. Wer kann den Hügel erklimmen?

Auf großer Fahrt

Dazu brauchen Sie eine Decke oder ein Bettlaken. Ihr Kind darf sich auf die Decke setzen oder legen. Sie greifen zwei Enden der Decke und ziehen das Kind durch den Raum oder durch die Wohnung. Das gelingt natürlich um so besser, je glatter der Fußboden ist.

Mit Papa und Mama turnen und tollen

Kinder tollen gern mit Erwachsenen und freuen sich, wenn diese auch mal wie ein Hund oder eine Katze auf allen Vieren durch die Wohnung krabbeln oder wie ein Pferdchen galoppieren und das Kind als Reiter auf dem Rücken hopsen darf. Solche Turnspiele ergeben sich meist spontan aus der Situation heraus.

Pferd und Reiter

Krabbeln Sie auf allen Vieren und lassen Sie Ihr Kind oben aufsitzen.

Oder Sie nehmen ein Seilchen, legen es dem Kind um den Körper und spielen Pferd und Wagen. Das Kind geht, sofern es schon in der Fortbewegung sicher ist, in raschem Tempo durch die Wohnung, und Sie halten die beiden Seilenden und folgen als „Anhänger". Auch ein Gymnastikreifen kann für solche Pferdchenspiele benutzt werden.

> **Beachten Sie,**
> daß Kinder im zweiten Lebensjahr **gehen** und noch nicht laufen oder gar rennen. Beim Laufen sind beide Beine vom Boden abgehoben. Das ist erst ab etwa zweieinhalb Jahren möglich. Schnelles Gehen (das vielleicht wie Laufen aussieht) ist jedoch schon im zweiten Lebensjahr möglich.

Huckepack

Auch das altbekannte „Huckepack-Spiel" ist gerade bei Kindern im zweiten Lebensjahr äußerst beliebt. Nehmen Sie Ihr Kind auf den Rücken, wobei sich das Kind an Ihrem Hals bzw. Ihren Schultern festhält und mit seinen Beinen seitlich Ihre Hüften umklammert. Nun geht es „Galopp und hopp" durch Haus und Garten. Der Erwachsene hält die Kinderbeine zur Unterstützung fest, und jetzt kann es vielen Kindern gar nicht turbulent genug zugehen. Auf diese Weise können Sie auch das Kind vor dem Schlafengehen in seinem Bett „abladen".

Wie wäre es mit einer Pyramide wie im Zirkus? Schon kleine Kinder finden Gefallen an solchen Kunststücken.

Engelchen, Engelchen flieg

Dieses Spiel ist besonders bei einem Spaziergang mit Mutter und Vater geeignet. Die Kleinen können oft gar nicht genug davon bekommen. Das Kind geht in der Mitte zwischen den Eltern. Die wiederum fassen das Kind an den Händen und schleudern es zu dem Spruch
   "Engelchen, Engelchen flieg!"
   ein Stück nach vorn in die Luft.
Das Spiel ist besonders dann geeignet, wenn die Kleinen ermüden und nicht mehr laufen möchten.

Wer krabbelt durch meine Beine?

Mutter und Vater stehen sich im Abstand von etwa 2–3 Metern mit weit gegrätschten Beinen gegenüber. Nun ruft z.B. der Vater: „Wer krabbelt durch meine Beine?" Das Kind kommt vielleicht herbei und krabbelt zwischen den Beinen des Vaters hindurch. Schon ruft die Mutter: „Wer krabbelt . . .?"

Nun heißt es, sich zur anderen Seite wenden und rasch wieder durch ein Paar Beine hindurch krabbeln.

Das Mini-Schwungtuch

Sie benötigen eine große Decke oder ein Bettlaken. Vater und Mutter fassen jeweils zwei Enden des Lakens und breiten es in der Luft aus. Das Kind darf nun Luftballons, kleine Bälle oder andere Gegenstände darauf legen. Die Erwachsenen bewegen nun das Tuch vorsichtig auf und ab. Das Kind staunt vielleicht, wie sich die Gegenstände darauf bewegen. Nun darf es selber einen Zipfel halten und das Tuch kräftig mitbewegen wie bei einem gewaltigen Sturm.

Turnstange

Kinder hängen sich gern an niedrige Turnstangen, um dort eine Weile zu baumeln oder zu schaukeln. Wenn Sie eine solche Vorliebe bei Ihrem Kind beobachtet haben, so nehmen Sie einfach einen Besenstil oder einen Gymnastikstab. Nun halten Mutter und Vater jeweils die Enden der Stange und geben dem Kind Gelegenheit, mit gestreckten Armen aus dem Stand danach zu greifen. Viele Kinder lassen sich von dieser Idee begeistern, hängen sich an das Turngerät und beginnen zu schwingen. Achten Sie darauf, daß alle Aktivitäten vom Kind ausgehen!

Jetzt kommt der Schmusebär:
Neue Fingerspiele und Kuschelverse

Jetzt, wo Ihr Kind schon ein wenig älter ist, wird es Fingerspiele und Kuschelverse besonders aufmerksam verfolgen.

Der gemeinsame Spaß an Fingerspielen gibt dem Kleinkind wichtige Sprachimpulse. Die uralte Spieltradition verbindet kurzes rhythmisches Sprechen und häufige Wortwiederholungen mit verschiedenen Körperbewegungen. Gegen Ende des zweiten Lebensjahres geben Kinder einzelne Wörter oder Satzteile aus Fingerspielen wieder, selbst wenn die Bedeutung der Worte oft noch nicht verstanden wird. Dazu wiederholen Kinder manchmal aus eigenem Antrieb die zu den Wörtern gehörenden Gesten und Bewegungsabläufe. Die eigenen Finger sind in allen Lebenslagen immer dabei: Ob im Wartezimmer beim Kinderarzt, an regnerischen Tagen, bei längeren Autofahrten oder wenn das Kind krank ist und das Bett hüten soll: Fingerspiele lassen sich spontan improvisieren. Sie fesseln die Aufmerksamkeit, regen die Phantasie an, überbrücken mitunter lästige Wartezeiten und bringen das Kind immer wieder zum Lachen.

Allerdings sind Fingerspiele nicht bei allen Kleinkindern gleichermaßen beliebt, und auch die Neigung, Spielinhalte eigenständig zu wiederholen, ist von Kind zu Kind verschieden.

Fingerpuppen-Theater

Mit den Fingern kann man sogar ein kleines Theater inszenieren. Schon die Allerkleinsten sind begeistert. Im Handumdrehen lassen sich lustige Fingerpüppchen basteln

Pinz und Panz

Herr Pinz und Herr Panz, *die gehen zum Tanz.*	Die Daumen oder Fingerpüppchen werden passend zu den Verszeilen bewegt.
Es gehen zum Tanz,	

Herr Pinz und Herr Panz.
Erst gehen sie rechts herum Sie berühren die rechte und
dann gehen sie links herum, dann die linke Körperseite.
erst gehen sie hinauf, Sie gehen von den Füßen
dann gehen sie hinab, aufwärts bis zum Kopf und
und am Ende machen beide rutschen dann hinab.
„Klipp-di-klapp, Zum Schluß wird in die
Klipp-di-klapp" Hände geklatscht.

(überliefert)

Handpuppen aus Tüchern

Wenn Sie die Puppen „Pinz" und „Panz" basteln möchten, dann benötigen Sie einfarbige große Taschentücher oder Mullwindeln. Machen Sie in jedes Tuch einen Knoten und stecken Sie den Zeigefinger hinein. Sie können den Tuchpüppchen mit Stoffmal- oder Filzstift fröhliche Augen und einen lachenden Mund geben. Damit das Spiel auch zum akustischen Erlebnis wird, hängen Sie Pinz und Panz Schellen oder Glöckchen um.

Zwick und Zwack

Herr Zwick und Herr Zwack	Mit beiden Daumen wackeln.
sind zwei Männlein im Sack.	
Herr Zwick hat einen Hut,	Rechter Daumen wackelt,
Herr Zwack hat einen Kranz,	Linker Daumen wackelt.
so gehen beide zum Tanz.	
Sie tanzen und springen,	Daumen tanzen und springen.
sie lachen und singen	
und machen gar lustige Sachen.	
Doch dann sind sie müde,	Daumen bleiben stehen
Herr Zwick und Herr Zwack,	und verstecken sich jeweils
und schlüpfen wieder	in der Faust.
in ihren Sack.	*(überliefert)*

Malen Sie auf jeden Daumen ein lustiges Gesicht, und schmükken Sie den einen Daumen mit einem Fingerhut, den anderen mit einem Fingerring.

Die Finger werden zu Tieren

Wer ist das?

Ei wer kommt denn da daher?

Ist das nicht ein brauner Bär?
Oder gar ein Elefant
aus dem schwarzen Mohrenland?
Nein, es ist ein kleines Mäuschen,
und es sucht ein kleines
Häuschen.
Ei wo ist es, sag es doch!
Hier ist das kleine,
kleine Mauseloch!

Nehmen Sie ein kleines Stück Fell oder einen Wollstrumpf, formen Sie daraus ein Tier, und lassen Sie es geheimnisvoll auftauchen und wieder weghuschen.
Was war das? Ach ja, ein Mäuschen.
Lassen Sie zum Schluß das Fell in Ihrer Hand verschwinden!

(überliefert)

Zwei Täubchen

Es saßen zwei Täubchen
auf einem Dach.
Das eine flog weg –
das andre flog weg.
Das eine kam wieder –
das andre kam wieder...
Da sitzen sie alle beide wieder.

Nehmen Sie zwei Papiertaschentücher und entfalten Sie die Papierlagen so lange, bis Sie hauchdünneTücher erhalten. Binden Sie nun um jeden Zeigefinger ein Papiertuch, wobei die Knotenenden Flügel darstellen sollen. Lassen Sie die Täubchen abwechselnd wegfliegen und wiederkommen.

(überliefert)

Der Taler

Da hast 'nen Taler,
geh auf den Markt,
kauf dir 'ne Kuh,
Kälbchen dazu.
Das Kälbchen hat 'n
Schwänzchen
didel didel dänzchen.

Klatschen Sie auf die Handfläche des Kindes als wollten Sie ihm ein Geldstück in die Hand legen.
Bei dem Wort "didel didel dänzchen" kitzeln Sie die Kinderhand.

(überliefert)

Die kleine Raupe

Die kleine Raupe ist nie satt,
sie krabbelt auf ein grünes Blatt.

Ein Taschentuch in die Handfläche legen. Mit den Fingern einer Hand auf das Taschentuch krabbeln.

Sie frißt und frißt,
und wird ganz matt.

Fressen andeuten.

Da schläft sie ein
auf ihrem Blatt.
Nach vielen Tagen,
welch ein Ding,
da wird aus unsrer Raupe,
ein bunter Schmetterling.

Aus der Krabbelhand eine Faust machen.
Die Faust öffnet sich, ergreift das Taschentuch und fliegt als „Schmetterling" davon.

(B. Wilmes-Mielenhausen)

Das Krokodil

Das Krokodil,
das Krokodil,
das sitzt ganz müd und
faul am Nil.

Formen Sie mit der Hand das Maul eines Krokodils.

Da kommt eine Libelle (ssss)
Und rückt ihm auf die Pelle.
Das Krokodil muß

Die andere Hand bildet eine Libelle.

niesen (hatschi),	Laut niesen.
Libelle muß es büßen.	
Das Krokodil schnappt	
einfach zu (haps).	Hand auf und zu machen.
Es frißt das Tier	
und schmatzt dazu (mmmmm).	Schmatzen und mit der Hand Kaubewegungen andeuten.

(B. Wilmes-Mielenhausen)

Die Sonnenkäfer

Nehmen Sie zwei große Walnuß- und vier kleine Haselnußschalenhälften. Schon ist die Sonnenkäfer-Familie entstanden.

Nun beginnt der Spaziergang, z. B. über eine Tischplatte oder auf Ihrem Arm entlang.

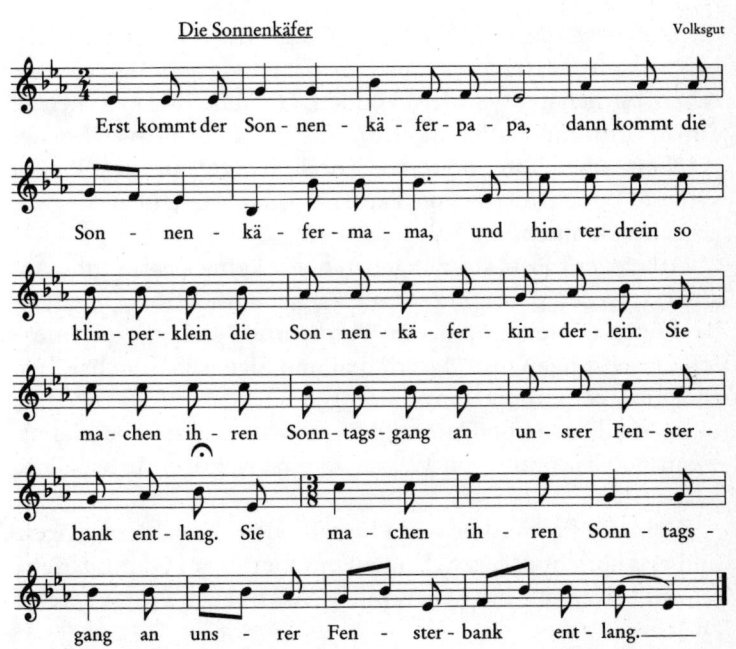

Die Sonnenkäfer — Volksgut

Erst kommt der Sonnenkäferpapa, dann kommt die Sonnenkäfermama, und hinterdrein so klimperklein die Sonnenkäferkinderlein. Sie machen ihren Sonntagsgang an unsrer Fensterbank entlang. Sie machen ihren Sonntagsgang an unsrer Fensterbank entlang.

*Erst kommt der
Sonnenkäferpapa,
dann kommt die
Sonnenkäfermama,
und hinterdrein so klimperklein
die Sonnenkäferkinderlein ...
Sie machen ihren Sonntagsgang
an unsrer Fensterbank entlang ...*

Setzen Sie bei jedem Stichwort die einzelnen Familienmitglieder nacheinander auf die Spielfläche (Vater, Mutter, Kinder).

(überliefert)

Sie können die Käfer auch auf einen Papier- oder Stoffstreifen setzen und über den Tisch ziehen. Das sieht dann wie ein wirklicher "Sonntagsspaziergang" aus.

Geben Sie dem Kind die Käfer am Schluß zum Betasten oder zu anderen Experimenten in die Hand.

Schmierfinger: Malen, Matschen, Cremen

Gerade im zweiten Lebensjahr gehen kleine Kinder oft sehr lustvoll mit Materialien um, mit denen sie schmieren, matschen, formen und gestalten können. Da greifen sie plötzlich zu einem Stift und wollen das tun, was sie bei den Erwachsenen gesehen haben: Sie „schreiben" und „malen" auf ihre Weise, kritzeln Liniengewirre aufs Papier und sind stolz über das, was sie schon können.

Dabei verfolgen sie zunächst noch keine bestimmte Absicht, und der Wunsch, etwas Gegenständliches zu schaffen, liegt noch in weiter Ferne. Im Vordergrund stehen experimentelle Erfahrungen mit Materialien und Eigenschaften bzw. angenehme körperliche Empfindungen.

Im Sandkasten buddeln und formen sie und sind begeistert, wenn durch Zugabe von Wasser so eine richtige Matsche entsteht.

Kleine Füße werden von Pfützen wie magisch angezogen, und was spricht dagegen, bei heißem Wetter auf Gummistiefel zu verzichten und ein Kleinkind barfuß in einer Pfütze spielen zu lassen?

Wenn solche natürlichen Umweltbedingungen – z. B. in Großstädten – nur eingeschränkt zur Verfügung stehen oder der Gang ins Freie durch Wetter und Jahreszeit schwierig wird, können Eltern auch in den eigenen vier Wänden Möglichkeiten schaffen, so richtig zu matschen und zu genießen.

Diese Farbe kann man essen

Kochen Sie klaren Tortenguß auf. Geben Sie nach dem Erkalten ein paar Tropfen Lebensmittelfarbe, Obstsaft oder Pflanzensud hinein.

Sie können auch Speisestärke in Wasser aufkochen, bis eine zähflüssige Masse entsteht. Auch diesen Brei färben Sie dann mit Lebensmittelfarbe oder natürlichen Farbstoffen ein. Ist die Farbe erkaltet, lassen Sie Ihr Kind damit matschen. Reichen Sie ihm ruhig ein Malblatt von einer großen Tapetenrolle, auf dem es durch Patschen mit den Händen, Wischen und Streichen erste Malerfahrungen sammeln kann.

Man kann übrigens auch im Sommer draußen auf einer Malwand, auf Fliesen oder einem alten Spiegel malen. Manche Kinder malen sich auch selber gern an.

Kinderhände matschen gern. Der selbstgefertigte Farbbrei bietet viele Erfahrungsmöglichkeiten.

> **Extratip**
> Auch Babycreme eignet sich dazu, mit dem Fingerchen hineinzustippen, und auf dem nackten Körper (z. B. nach dem Bad) Punkte, Striche oder großflächige Felder zu malen.

Handabdruck

Streichen Sie die Handfläche des Kindes mit Fingerfarbe ein. Drücken Sie die Hand mehrmals auf ein Blatt Papier oder auf die Fensterscheibe des Kinderzimmers. Anschließend kann das Kind allein mit den Abdrücken experimentieren. Wenn Sie einen weißen Pappteller oder einen Tortenuntersatz aus Papier zur Hand haben, dann drücken Sie die Kinderhand darauf ab. Hängen Sie den Teller bzw. Untersatz als fertiges Bild an die Wand.

Wolkenteig für kleine Bäcker

Nicht nur im Sandkasten, auch drinnen in der Küche spielen Kinder Bäcker. Ideal für die Kleinsten sind Spielteige, die sogar einmal in den Mund wandern können, ohne Schaden anzurichten. Aus diesem Grund wurde bei dem folgenden Rezept bewußt auf die Zugabe von Salz verzichtet:

Vermischen Sie drei Tassen Mehl, 2 Tassen Wasser und 2 Eßlöffel Öl und kneten Sie die Zutaten kräftig in einer Schüssel durch.

Legen Sie dem Kind den „Wolkenteig" auf den Tisch und schauen Sie, was es damit macht. Manche Kinder schlagen den Teig auf den Tisch, patschen mit der flachen Hand darauf, zerpflücken ihn oder bohren Löcher hinein.

> **Der kindlichen Phantasie freien Lauf lassen**
> Schauen Sie den Gestaltungsversuchen Ihres Kinde aufmerksam zu. Vermeiden Sie es, dem Kind etwas vorzumachen oder in seine Bildwerke hinein zu arbeiten. Auf diese Weise kann Ihr Kind aus dem eigenen Inneren schöpfen und kreative Erfahrungen machen. Ziehen Sie dem Kind alte Sachen oder einen Malkittel an.

> An heißen Tagen kann Ihr Kind auch nackt kneten und matschen.
> In der Wohnung hilft eine alte Plastikdecke als Unterlage.
> Achten Sie vor allem auf naturbelassene Farben und Kneten. Im Zweifelsfalle: selber zubereiten, dann wissen Sie, was drin ist.

Jetzt tanzt der kleine Hampelmann: Erste Tanz- und Musikspiele

Schon Babys reagieren auf Geräusche und Musik. Sie wenden ihr Köpfchen und ihren Blick in der Richtung von Klängen und scheinen andächtig zu lauschen. Im zweiten Lebensjahr schlagen die Kleinen begeistert auf Töpfen herum oder schlagen Spielzeuge geräuschvoll gegeneinander. Alles, was klingelt, raschelt, knattert, piept ist von besonderem Interesse. Manchmal reagieren sie mit ihrem ganzen Körper auf Musik, und so mancher Dreikäsehoch versucht sich bereits mit ersten Tanzschritten. Wenn sie diese Leidenschaft bei Ihrem Kind entdecken, dann unterstützen Sie sein Interesse doch mit einfachen Klanginstrumenten.

Die erste Trommel

Eine ganz einfache Trommel ist ein umgedrehter Kochtopf. Als Schlegel dienen Holzlöffel, Schneebesen oder Suppenlöffel.

Auch leere Kaffeedosen oder Büchsen von Kindernahrung lassen sich gut zum Trommeln verwenden.

Klangbecher

Dazu brauchen Sie zwei leere Joghurtbecher. Füllen Sie einen Becher mit Erbsen, Perlen o. ä. Bestreichen Sie nun den Rand des zweiten Bechers mit Kleber, stülpen ihn über den ersten und drücken ihn vorsichtig fest. Nach einer Trockenzeit kann man den Becher durch Schütteln zum Klingen bringen.

Schellenband

Schneiden Sie aus Stoff Bänder zu. Nähen Sie 5–6 kleine Schellen (Bastelgeschäft) an jedes Band. Die Bänder kann man an Hand- und Fußgelenke binden, und beim Klatschen, Stampfen oder Laufen entstehen lustige Geräusche.

Glockenstab

Sie benötigen ein Rundholz oder einen dünnen Ast von einem Baum von ca. 50 cm Länge. Bohren Sie nun mit dem Handbohrer ein oder mehrere Löcher. Fädeln Sie mehrere Bänder (Stoffstreifen, Geschenkbänder) ein. Binden Sie an jedes Bandende ein Glöckchen. Wenn Ihr Kind den Stab nun bewegt oder mit ihm durch die Wohnung rennt, entstehen Klingelgeräusche.

Sie können übrigens auch Glöckchen an die Drähte eines Schneebesens binden. Das erfordert wenig Vorbereitung und ist in der Herstellung ganz einfach.

Jetzt tanze ich

Wählen Sie je nach Vorliebe des Kindes eine ruhige oder eine turbulente Musik aus. Viele Kinder lassen sich von den Rhythmen anregen und beginnen von sich aus mit ersten Tanzschritten. Das Tanzen wird noch lustiger, wenn Sie dem Kind beim Tanzen ein Rhythmusinstrument in die Hand geben (z.B. Klangbecher, Glockenstab).

Wasser, Wasser, Wasser: Spiele mit dem kühlen Naß

Nachdem das Kind jetzt schon sicher in der Badewanne sitzen oder selbständig ins Planschbecken hinein- und wieder herauskrabbeln kann, ist es ihm jetzt möglich, Wasserspiele noch intensiver zu genießen. Viele Kinder haben auch schon die ersten „Schwimmversuche" hinter sich, natürlich mit Schwimmhilfen und im Beisein von Mutter oder Vater.

Wasserspiele ergeben sich besonders beim täglichen Waschen und Baden oder im Sommer in der freien Natur.

In der Badewanne

Die Wasseroberfläche kann zur Spielfläche werden und das Waschen macht noch mehr Spaß, wenn es mit einem Spruch oder Lied begleitet wird.

Pitsch-patsch

Pitsch, pitsch, patsch,	Patschen Sie zu dem Vers
ein Hund fällt in den Matsch	auf die Wasseroberfläche.
Die Gretel, die am Wege sitzt,	
die heult, denn sie ist naß gespritzt.	
Pitsch, pitsch, patsch,	
die Gretel ist klitsch-naß!	*(überliefert)*

Spiel mit dem Badefisch

Im Wasser klar und frisch,	Legen Sie die Handflächen
da schwimmt ein	aneinander und deuten Sie
winzig kleiner Fisch.	Schwimmbewegungen an.
Er springt, er taucht,	
er paddelt gut,	
er läßt sich wiegen	
von der Flut .	Oder Sie nehmen einen
Das Fischlein hat es gut!	Badefisch aus Plastik.
	(überliefert)

Beim Waschen

Melodie: Die fleißigen Waschfrauen

Zeigt her eure Füße,
zeigt her eure Schuh.
Und seht beim fleißigen
Waschen einmal zu:

*Wir waschen, wir waschen,
wir waschen das Gesicht,
wir waschen, wir waschen
noch besser geht das nicht.*

Zeigt her eure Füße ...

*Wir waschen, wir waschen
wir waschen jetzt den Bauch,
wir waschen, wir waschen
der Daniel kann das auch ...*

*Wir waschen, wir waschen,
wir waschen nun den Rücken,
wir waschen, wir waschen,
das kann uns sehr entzücken.*

Zeigt her eure Füße ...

*Wir waschen, wir waschen,
wir waschen jetzt das Haar,
wir waschen, wir waschen,
dann kommt die Dusche
aaaah!*

Sprechen oder singen Sie die Verse zu den einzelnen Handlungen.

(B. Wilmes-Mielenhausen)

Schiff ahoi!
Geben Sie dem Kind ein kleines Boot, einen Eierkarton, eine schwimmende Seifenschale o.ä. in die Wanne. Nun kann es ein winziges Püppchen hineinsetzen und los geht die Fahrt.

Mit Eimern und Schüsseln

Stellen Sie doch eine oder mehrere Schüsseln ins Badezimmer oder ins Freie. Da haben kleine Plantschhände viel zu tun:

Schaum schlagen

Geben Sie dem Kind ein wenig Spülmittel oder Badeschaum in eine Schüssel mit Wasser und dazu einen Schneebesen. Durch Rühren und Schlagen entsteht wunderschöner Seifenschaum.

Wasser schöpfen

Stellen Sie mehrere Schüsseln und Eimer auf. Eines der Gefäße ist voll Wasser. Geben Sie dem Kind dazu Geräte, mit denen man schöpfen kann, z. B. eine Schöpfkelle aus der Küche, Becher und Förmchen. Nun kann das Kind das Wasser aus dem vollen Gefäß in die leeren Gefäße umfüllen.

Wasserleitung

Geben Sie dem Kind ein kurzes Stück Gartenschlauch (ca. 30–50 cm). Es kann Wasser hineinlaufen lassen und beobachten, wie es am anderen Ende wieder herausläuft.

Ein großer Wasserspaß im Garten

Bei heißem Wetter lieben Kinder spritzige Wasserspiele im Freien. Sie genießen es, dabei splitternackt herum zu laufen und sich dabei vielleicht sogar mit hautfreundlicher Farbe oder Sand zu bemalen. Diese „Schmiererei" ist kein Problem, denn anschließend kommt gleicht eine große Dusche aus der Gießkanne.

Wassermalen

Füllen Sie leere Plastikflaschen mit Wasser. Sie können auch eine kleine Plastiktüte mit Wasser füllen und ein winziges Loch an der Ecke hineinschneiden. Wichtig ist, daß die Gießöffnung möglichst klein ist. Nun kann das Kind mit dem Wasserstrahl „malen", z. B. auf trockenen Steinplatten oder einem asphaltierten Platz. Beim Malen entstehen „Wasserspuren", die allerdings bald wieder vergehen. Schon kann das Malen erneut beginnen.

Wasserballons

Füllen Sie Luftballons mit Wasser. Wirft man sie zu Boden, dann spritzt es gewaltig und es entsteht ein Riesenspaß.

Eine Variante: Stecken Sie zwei Luftballons ineinander. Nun füllen Sie den inneren Ballon mit etwa einem Liter Wasser und verknoten ihn fest. Blasen Sie den äußeren Ballon auf, und verknoten Sie diesen ebenfalls. Diese gefüllten Ballons machen ganz unvorhersehbare Flugbewegungen und Tänzchen.

Wasserrutsche

Besorgen Sie sich dicke Plastikfolie als Meterware (Baumarkt), legen Sie die Bahn auf einen Grashügel, und schütten Sie Wasser hinunter. Ein wenig Schmierseife o. ä. macht die Wasserrutsche zu einem turbulenten Bewegungserlebnis an heißen Sommertagen.

Sandsee

Legen Sie einen Gartenschlauch in den Sandkasten. Drehen Sie Ihn nur so weit auf, daß kleine Rinnsale heraussickern. Wenn Ihr Kind nun ein tiefes Loch in den Sand gräbt, so kann sich das Wasser dort zu einem See sammeln. Jetzt fehlt nur noch ein Spielzeugboot, das zu Wasser gelassen wird. Aber auch Blätter oder Rindenstücke können auf der Wasseroberfläche schwimmen.

Das Wasser kann übrigens auch direkt aus einer Gießkanne kommen oder aus einem Stück Rohr oder Dachrinne, die man an den Rand des Sandkastens legt und vorsichtig mit Wasser füllt.

Schwimmt das denn?

Geben Sie dem Kind verschiedene Gegenstände, die schwimmen oder untergehen. Die Plastikente schwimmt. Die Murmel geht unter. Der Kieselstein auch. Lassen Sie das Kind Gegenstände ins Wasser werfen, z. B. in ein Kinderplanschbecken. Es wird staunen, wie unterschiedlich sich die Dinge verhalten.

Auch ein großes Schwimmbecken ist eine Herausforderung für kleine Schwimmer. Mit einem Schwimmreifen erleben sie ein Gefühl von Schwerelosigkeit. Viele Bewegungen sind im Wasser viel leichter als an Land.

Auf Sicherheit achten
Kinder sollen sich im Umgang mit dem Wasser wohl fühlen und keine Ängste entwickeln. Allerdings sollten kleine Kinder nie ohne Aufsicht am oder im Wasser sein. Auch Kinderplanschbecken, Badewannen und sogar Pfützen können unter Umständen Gefahren in sich bergen.

Bei Wasserspielen im Freien ist vor allem auf ausreichenden Sonnenschutz und gegebenenfalls Kopfbedeckung zu achten.

Was der Tag so bringt: Spiele und Rituale zum Tagesablauf

Vielleicht haben sich bereits im ersten Lebensjahr des Kindes in Ihrer Familie kleine Rituale zum Tagesablauf eingespielt, die Sie auch jetzt im zweiten Lebensjahr weiterführen möchten. Die Fortsetzung bekannter Abläufe ist sehr wichtig, da Kinder die Wiederholung unbedingt brauchen, um Bekanntes wiederzuerkennen, sich zu orientieren und ein Gefühl von Vertrauen, Sicherheit und innerer Ruhe zu entwickeln.

Rituale sollten jedoch immer dann verändert werden, wenn sie sich „überlebt" haben, d.h. wenn sie vielleicht nicht mehr der Situation oder dem Alter des Kindes entsprechen bzw.

nicht mehr sein Interesse finden. Wenn dies der Fall ist, dann führen Sie vielleicht eines der folgenden neuen Spiele ein!

Wenn es hell wird

Ausgeschlafen? Viele kleine Racker stehen von allein auf, und anstatt selbst geweckt zu werden, wecken sie lieber den Rest der Familie. Manchmal klettern sie nach dem Aufwachen ins große Elternbett und genießen die morgendliche Kuschelzeit bei Mama und Papa.

Egal wer wen weckt: die Morgenstunde ist Bestandteil des Tagesablaufs und kann Anlaß für einen kleinen Reim oder ein kleines Spiel sein.

Teddy sagt: Guten Morgen

Hallo, lieber Peter,	Teddy begrüßt das Kind durch
die Nacht ist vorbei.	Winken, streichelt seine Wange,
Gleich geh ich ins Bad,	zeigt in Richtung Badezimmer,
und dann gibt es Brei.	deutet Essen an,
Doch vorher muß ich	deutet Zähneputzen an,
die Zähne bürsten,	zeigt auf sein Gesicht, dreht
das Gesicht fein waschen,	sich um, zeigt den Rücken
muß kämmen mir	streicht sich über Kopf und
mein Bärenfell,	Körper.
das macht viel Spaß und	
geht ganz schnell!	
Komm mit mir zum Waschen,	
dann bin ich nicht so allein,	
du wirst schon sehen,	
gleich duften wir fein.	*(B. Wilmes-Mielenhausen)*

Aufstehn, aufstehn

Aufstehen, aufstehen,	Ahmen Sie mit Ihrer Stimme
der Kuckuck hat geschrien.	einen Kuckuck nach. Verändern

Die Sonne scheint durchs   Sie Lautstärke und Tonhöhe
Fenster rein,   dabei.
begrüßt die wachen Kinderlein.
Aufstehen, aufstehen,
der Kuckuck hat geschrien.
Kuckuck-kuckuck-kuckuck!   *(überliefert)*

Alleine anziehen?
Mit etwa zwei Jahren möchte Ihr Kind schon vieles alleine machen. So versucht es vielleicht, ein Kleidungsstück an- oder auszuziehen, die Haare zu kämmen oder Zähne zu putzen. Dabei ahmt es immer wieder das Vorbild der Erwachsenen nach.
    Unterstützen Sie diese Bemühungen. Wenn der Wunsch nach Selbständigkeit größer ist als die eigenen Fähigkeiten, reagieren viele Kinder ungeduldig, ja wütend. Andere sind einfach nur traurig und verzagt. Ermutigen Sie Ihr Kind, auch wenn es vielleicht zwei falsche Socken anhat oder den Pulli verkehrt herum.

Wiederholen Sie jetzt auch die Sprüche und Lieder zum Waschen, Abtrocknen und Kämmen aus den voran gegangenen Kapiteln!

Zahnputzlied   Melodie: Wer will fleißige
    Handwerker seh'n

Wer will saubere Zähne sehn,   Die Bürste kreisen
der muß mal zum Putzen gehn.   lassen.
Rundherum, rundherum,
die Bürste, die wird gar nicht krumm

Wer will saubere Zähne sehn,   Die Zähne von oben
der muß . . .   nach unten vom Zahnfleisch
Auf und ab, auf und ab,   bis zum Zahn bürsten.
die Bürste, die macht gar nicht
schlapp.

Wer will saubere Zähne sehn,   Die Kauflächen hin und
der muß . . .   her bürsten.
Hin und her, hin und her,
das Putzen fällt mir gar nicht schwer.

Wer will saubere Zähne sehn,   Den Mund voll Wasser
der muß . . .   nehmen, spülen und
Spüle fein, spüle fein,   ausspucken.
und jetzt spuck ich ins Becken rein.

(B. Wilmes-Mielenhausen)

Wir essen

Viele Kinder essen in diesem Alter schon recht geschickt alleine. Auch diesem Wunsch nach Selbständigkeit sollten Sie entsprechen. Ein Kind, das schon ohne Hilfe essen kann, muß also nicht mehr gefüttert werden. Selbst wenn es mit den Tischmanieren noch nicht so recht klappen sollte: Wichtig ist, daß Essen lustvoll erlebt wird und Freude bereitet. Irgendwann folgen die Kleinen dem elterlichen Vorbild und bemühen sich, ähnlich wie die Erwachsenen zu essen und bestimmte Tischmanieren einzuhalten. Nur wenn mit dem Essen übertrieben gematscht oder gespielt wird und der Spinat womöglich im nächsten Augenblick an der Wohnzimmertapete zu laden droht, sollten Sie mit einem klaren „Nein" einschreiten.

    Essen bedeutet meist auch Gemeinschaft mit anderen Familienmitgliedern. Vielleicht fassen sich Kinder und Erwachsene vor dem Essen bei den Händen und sprechen gemeinsam einen kleinen Spruch oder ein Gebet.

Brei essen

Wir essen heute Brei,   Sprechen oder singen Sie
wir essen heute Brei,   den Spruch, während Sie
wir essen heute süßen Brei,   den Brei zubereiten. Sie

sü-sa-süßen Brei,
wir essen heute Brei.
Nun kommt ganz schnell herbei

können auch das Kind mit
dem Vers zum Essen rufen.

(überliefert)

Guten Appetit

Piep, piep, piep, guten Appetit!
Jeder esse, was er kann,
nur nicht seinen Nebenmann.
Piep, piep, piep,
ich hab euch alle lieb.

Alle Familienmitglieder
fassen sich bei den Händen
und bewegen die Arme
im Rhythmus des Verses
auf und ab.

(überliefert)

Tischgebet

Jedes Tierlein hat sein Essen.
Jedes Blümlein trinkt von dir.
Hast auch unser nicht vergessen.
Lieber Gott wir danken dir.

(überliefert)

Der Tag geht zur Neige

Im Gegensatz zum ersten Jahr haben Kinder im zweiten Lebensjahr meist einen deutlichen Rhythmus in ihren Wach- und Schlafzeiten. Manchmal ist der Alltag allerdings so aufregend, daß des Abends das Zubettgehen schwerfällt. Oft sind die Kleinen von ihren Erlebnissen am Tage aufgewühlt, obgleich sie andererseits todmüde sind. Und nicht immer ist das dunkle Zimmer und die hereinbrechende Nacht besonders einladend. Gute-Nacht-Rituale erfreuen sich deshalb jetzt großer Beliebtheit. Es tut den Kleinen gut, wenn Mutter oder Vater am Bett sitzen, wenn ein Lied gesungen oder ein Buch angeguckt und anschließend vielleicht noch gekuschelt wird.

So gehe ich spielend zu Bett

Wenn der Weg ins Bett schwerfällt, dann hilft vielleicht folgendes Ritual: Nach dem Abendessen fährt der „Schlafzug" ab. Was das ist? Ganz einfach: Ein Familienmitglied nach dem anderen faßt sich bei den Händen und schon fährt der Zug schnaubend und stampfend Richtung Kinderzimmer:

Der Schlafzug

Zug, Zug Eisenbahn, Nach der Fahrt laden
wer will mit nach Hamburg fahrn. Sie das Kind mit einem
Hamburg ist 'ne schöne Stadt, Schwung im Bett ab.
die auch einen Bahnhof hat.
Tsch-tsch-tsch-tsch-tsch ... *(überliefert)*

Der Kuschelbär erzählt

Setzen Sie den Teddy oder ein anderes Kuscheltier auf die Bettdecke und lassen Sie es eine kurze Geschichte vom Tag erzählen. Vielleicht berichtet der Teddy, daß heute das Kind zum ersten Mal allein gegessen hat, daß es allein auf's Töpfchen gegangen ist oder beim Spielen stürzte. Vielleicht berichtet er, daß die Familie bei Oma war, die Geburtstag hatte. Wichtig ist, daß der Teddy nur eine ganz kurze Geschichte erzählt, damit das Kind der Erzählung folgen und sich erinnern kann.

Bilderbuchgucken – ein Schmuseerlebnis
vor dem Einschlafen

Irgendwann nach dem ersten Geburtstag bekommen viele Kleinkinder ihr erstes Bilderbuch.

Wenn Sie abends mit Ihrem vielleicht eineinhalbjährigen Kind im großen Elternbett kuscheln und ein kleines Bilderbuch betrachten, so nimmt nicht nur ein meist über Jahre bestehendes Ritual seinen vorsichtigen Anfang. Gemeinsames Betrachten und Erzählen stellt darüber hinaus eine besondere

Nähe her. Eltern und Kind sind dicht beieinander, das Interesse konzentriert sich auf ein gemeinsames Bilderlebnis, das den Alltag des Kindes widerspiegelt. Im gemeinsamen Bildergucken von Mutter/Vater und Kind wird die Welt mit ihren Gegenständen und Phänomenen gespiegelt, wiedererlebt, strukturiert und erklärt, und dieses Betrachten bekommt noch eine besondere Gefühlsqualität durch die körperliche Nähe von Mutter oder Vater.

Manchmal ist es für die Kleinen noch zu schwierig ein zusammenhängendes Buch von vorn bis hinten anzuschauen. Vielleicht wählen Sie nur eine einzige Seite aus und gehen gemeinsam mit den Augen dort „spazieren".

Sanfte Berührungen für einen guten Schlaf

Streicheln Sie dem Kind behutsam über den Kopf, die Stirn, die Augen, Nase, Wangen . . . Wenn Sie ihm Ihre flache Hand auf den Bauch legen und sie dort eine Weile ruhen lassen, so wirkt dies besonders beruhigend und entspannend.
Sie können dem Kind nun liebevolle Worte zuflüstern und auch den einzelnen Körperteilen „Gute Nacht" sagen.

Das Fingerspiel zur guten Nacht

Sandmännchen

Dort hinter einem Berg, wohnt lange schon ein Zwerg.	Bauen Sie aus der Bettdecke einen Hügel und lassen Sie Ihren Daumen als Zwerg dort verschwinden.
Der Zwerg hat leise Schuhe an, damit ihn niemand hören kann.	Nun schaut der Zwerg hervor.
Jetzt schleicht er in dein Haus, und leert sein Säckchen aus.	Er geht auf das Kind zu. Mit der anderen Hand ein Säckchen formen und ausleeren.

*In jedes Äugelein,
streut er ein Körnchen rein.*

*Schon wird ganz müde
unser Kind
und wiegt sich in den
Schlaf geschwind.*

*Dann schleicht der Zwerg
nach Haus
und macht die Lichter aus.*

*Die Nacht bricht an,
das Spiel ist aus.*

Bewegen Sie Ihre Finger so,
als hätten Sie Sand und
würden Ihn dem Kind in
die Augen streuen.
Über Kopf und Gesicht des
Kindes streicheln.

Lassen Sie den Zwerg
wieder hinter dem Berg
verschwinden.

Löschen Sie das Licht im
Kinderzimmer.
   (B. Wilmes-Mielenhausen)

Schlaflied

*Leise, Peterle, leise!
Der Mond geht auf die Reise.
Er hat sein weißes Pferd gezäumt,
das geht so still, als ob es träumt.
Leise, Peterle, leise!*

*Träume, Peterle, träume!
Der Mond guckt durch die Bäume.
Ich glaube gar, nun bleibt er stehn,
um Peterle im Schlaf zu sehn.
Träume, Peterle, träume!*

*Stille, Peterle, stille!
Der Mond hat eine Brille.
Ein graues Wölkchen schob sich vor,
das sitzt ihm grad auf Nas und Ohr.
Stille, Peterle, stille!*

Schlafliedchen

überliefert

1. Lei-se, Pe-ter-le, lei-se! Der Mond geht auf die Rei-se.
{ Er hat sein wei-ßes Pferd ge-zäumt,
  das geht so still, als ob es träumt.
Lei-se, Pe-ter-le, lei-se!

Abendgebet

Müde bin ich, geh zur Ruh.
Schließe beide Augen zu.
Vater, laß die Augen dein
über meinem Bettchen sein.

Alle, die mir sind verwandt,
Gott laß ruhn in deiner Hand.
Alle Menschen groß und klein,
sollen dir befohlen sein.

(überliefert)

Rituale nicht zu lange ausdehnen

Sie wissen sicher besser als jeder andere, welches Ritual Ihr Kind besonders anspricht und beruhigt. Wiederholen Sie das Lied oder den Vers jeden Abend über einen längeren Zeitraum.

Dehnen Sie das abendliche Ritual nicht unnötig lange aus, denn das Kind soll ja kein aufregendes Unterhaltungsprogramm präsentiert bekommen, sondern es soll sich entspannen und dann möglichst schnell einschlafen. Gegen die manchmal beängstigende Dunkelheit der Nacht helfen dann z.B. Leuchtsterne an der Decke, eine kleine Notbeleuchtung und natürlich das Kuscheltier.

Alltägliches wird zum Spiel

Im zweiten Lebensjahr interessiert sich das Kind besonders für alltägliche Verrichtungen im Tageslauf, die es bei den Erwachsenen genau beobachtet und oft mit großer Leidenschaft nachahmt. So möchte es z.B. fegen, Geschirr abwaschen, Wäsche aus der Waschmaschine räumen, den Tisch abwischen oder das Besteck sortieren. Es will telefonieren wie die Großen, interessiert sich für den Staubsauger und möchte sogar beim Kochen helfen. Geben Sie dem Kind im Laufe des Tages immer wieder Gelegenheit, im Rahmen seiner Möglichkeiten an ihrem Alltagsgeschehen teilzunehmen. Kleine Aufgaben im Haushalt geben dem Kind das Gefühl, daß Sie seine Bedürfnisse und Fähigkeiten ernst nehmen, daß Sie ihm etwas zutrauen und es in ihr Leben einbeziehen.

Darüber hinaus üben die kleinen Helfer manuelle Geschicklichkeit und machen dabei neue sinnliche Erfahrungen.

Große Wäsche

Viele Kinder möchten im zweiten Lebensjahr Wäsche ein- und ausräumen. Geben Sie Ihrem Kind Gelegenheit, die Waschmaschine zu bestücken und nach dem Waschen die Wäscheteile wieder auszuräumen.

Auch beim Sortieren der Wäsche können Kinder helfen. Daraus kann sich ein „Bitte-Danke"-Spiel entwickeln. Sie zeigen dem Kind, in welchen Korb ein bestimmtes Wäschestück gehört. Ihr Kind nimmt es entgegen und „sortiert" es entsprechend ein.

Spülen

Vielleicht hat Ihnen Ihr Kind beim Spülen zugeschaut und möchte jetzt selber im Wasser planschen und einige Geschirrstücke abwaschen.

Geben Sie ihm ruhig eine Spülbürste oder einen Schwamm in die Hand. Es kann auch Puppengeschirr aus dem Kinderzimmer abwaschen.

Putzen, Fegen, Staubsaugen

Kleine Kinder ahmen oft leidenschaftlich das Putzen nach. Wie wäre es mit einem Kinderbesen und einer Kehrschaufel?

Auch ein kleiner Eimer mit einem Lappen findet Begeisterung bei kleinen Helfern. So kann das Kind gegen Ende des 2. Lebensjahres vielleicht schon mit einem Lappen den Tisch abwischen oder der Mutter beim Staubsaugen helfen.

Messer, Gabel, Löffel

Viele Kinder räumen mit Begeisterung Besteck ein und aus. Vielleicht gelingt es ihnen schon ansatzweise, das Besteck in einen Besteckkasten zu sortieren. Dabei lernt es nicht nur Handgeschick, sondern es erprobt gleichzeitig die Wahrnehmung, Unterscheidung und Zuordnung von Formen und Größen.

Jetzt bin ich Koch

Sicherlich macht es Spaß, ähnlich wie Mutter oder Vater in Töpfen und Schüsseln zu rühren. Geben Sie dem Kind einen Schneebesen oder Kochlöffel und lassen sie es ruhig in einem Quark oder einem Brei rühren. Auch einfacher Knetteig begeistert kleine Köche. Es ist ein sinnliches Vergnügen, in dem Teig zu kneten, ihn flach zu klopfen oder mit einer kleinen Teigrolle auszuwalzen. Auch Förmchen zum Ausstechen sind eine Herausforderung für geschickte Kinderhände.

Das Kind kann auch schon mit einem stumpfen Messer eine Banane oder anderes weiches Obst schneiden. Dabei sind Kinder meist vorsichtiger als wir denken.

Einkaufen

Die Leidenschaft, Knöpfe zu drücken, können Sie aufgreifen, indem Sie das Kind z.B. Obst im Supermarkt „wiegen" lassen. Zeigen Sie ihm den Knopf, auf den es drücken soll. Besonders interessant ist das Preisetikett, das dann meist geräuschvoll heraus kommt.

Sitzt das Kind beim Einkauf im Kindersitz des Einkaufswagens, so kann es Ihnen z.B. an der Kasse helfen. Reichen Sie ihm ein Teil an und lassen Sie es auf das Band bei der Kassiererin legen.

Auch Zuhause kann es beim Ausräumen des Einkaufskorbes helfen.

> **Nein und nochmals nein**
> Das Kind wird sich immer mehr seines eigenen Ichs bewußt. Es merkt, daß es sich dem Willen der Erwachsenen auch widersetzen kann. Häufig kommt es zu sog. „Trotzausbrüchen", die unterschiedlich dramatisch verlaufen. Achten und unterstützen Sie den kindlichen Wunsch nach Selbständigkeit. Das Kind soll merken, daß sie es trotz eines Wutausbruchs noch lieb haben. Geben Sie ihm immer wieder die Möglichkeit, Wünsche zu äußern und seinen Willen zu entfalten (dies schließt natürlich nicht aus, daß ein Kind nach wie vor klare Regeln braucht). Bleiben Sie selbst möglichst gelassen. Nach den unruhigen Zeiten kommen auch wieder Phasen, in denen das Kind ausgesprochen zufrieden und harmonisch wirkt.

Kuschel-Zeit

Spiele zum Kuscheln und Schmusen sind nach wie vor beliebt und vermitteln dem Kind angenehme Körpererfahrungen. Ihr Kind zeigt Ihnen, wann es Nähe braucht. Vielleicht setzt es sich zu Ihnen auf den Schoß und kuschelt sich an. Vielleicht hat es ein kleines Mißgeschick erlebt und möchte getröstet werden.

Schmusevers

Jetzt kommt der Schmusebär,	Stapfen Sie mit dem Kind
der läuft ganz dick und schwer.	auf dem Arm im Kreis
	herum.

Jetzt kommt die Schmusemaus, die baut ein Schmusehaus.	Bei „Schmusehaus" gehen Sie in die die Hocke und deuten ein Hausdach an.
Jetzt kommt die Schmuseschneck, die kuschelt in der Eck.	Jetzt kuscheln Sie mit dem Kind.
Jetzt kommt die Schmusekatze, die streichelt mit der Tatze.	Streicheln Sie sanft den Rücken des Kindes.
Jetzt kommt der Schmusehase, der kitzelt meine Nase.	Wenn der Hase kommt, kitzeln Sie seine Nase.
Jetzt kommt die Schmuseschlange, die streichelt meine Wange.	Streicheln Sie die Wange des Kindes.
Jetzt kommt der Schmusefloh, und der piekst sooooooo!	Pieksen Sie Ihr Kind mit derFingerspitze an verschiedenen Körperstellen.

(B. Wilmes-Mielenhausen)

Vorstellung vom eigenen Körper

Das Kind im zweiten Lebensjahr beginnt nun damit, Berührungen genau zu lokalisieren. Es entwickelt sich ein Körperschema, d. h. ein Vorstellungsbild über den eigenen Körper innerhalb des Gehirns. Schmuse- und Bewegungsspiele können dazu beitragen, angenehme Körpererfahrungen zu vermitteln, das Körpergefühl zu vertiefen und darüber hinaus gefühlsmäßige Befriedigung beim Spiel mit Mutter und Vater oder anderen vertrauten Menschen zu genießen.

Ei, wie langsam

Ei, wie langsam schleicht die Schlange, streichelt zart die kleine Wange.	Streicheln Sie nacheinander: Wange, Kinn, Bauch, Bein . . .

Ei, wie langsam kriecht die Spinn, Bearbeiten Sie dabei stets
streichelt zart das kleine Kinn. beide Wangen, beide Beine,
Ei, wie langsam gähnt beide Waden, damit
das Mäuslein, keine Körperseite zu kurz
streichelt zart das kommt.
kleine Bäuchlein.
Ei, wie langsam grunzt das Schwein,
Streichelt zart das kleine Bein.
Ei, wie langsam kriecht die Made,
streichelt zart die kleine Wade.
Ei, wie langsam schleicht das Reh,
streichelt zart den kleinen Zeh.

Ei, wie müde ist die Schneck,
kriecht ganz langsam in die Eck.   (B. Wilmes-Mielenhausen)

Still und leise: So werde ich ruhig

Ist Ihr Kind vom vielen Spielen müde und erschöpft? War der Tag vielleicht ein wenig hektisch? Es gibt immer wieder Situationen, in denen die Kleinen so aufgedreht und gleichzeitig so müde sind, daß sie sich auch über einen längeren Zeitraum hinweg nur schwer beruhigen lassen. Hier kann liebevolle Zuwendung, streicheln, kuscheln und Wiegen oft Wunder wirken.

Stille, stille

Stille, stille, kein Geräusch Singen oder sprechen Sie
gemacht! den Vers mehrmals
Darum seid nur alle still, hintereinander. Sprechen
weil der Peter ruhen will. Sie bei jeder Wiederholung
Stille, stille, kein Geräusch leiser und leiser, bis
gemacht. Ihre Stimme kaum noch
 hörbar ist.
 Wiegen Sie das Kind dazu,
 wenn es dies mag.

(überliefert)

Der Wasserhahn

Tropf, tropf, Wasserhahn,
ich höre dir jetzt zu.
Tropf, tropf, Wasserhahn,
jetzt hab ich endlich Ruh.
Tropf, tropf, Wasserhahn,
du singst mir jetzt ein Lied.
Tropf, tropf, Wasserhahn,
jetzt werd ich still und müd . . .

Hören Sie einem tropfenden Wasserhahn zu oder trommeln sie mit den Fingerspitzen langsam und leise auf einem Tisch herum.

(B. Wilmes-Mielenhausen)

Auf die eigene innere Ruhe kommt es an
Wenn Sie beobachten, daß Ihr Kind Ruhe benötigt, so versuchen Sie zunächst, sich selbst zu entspannen und innerlich ruhig zu werden. Achten Sie auf Ihre Atmung. Sprechen Sie mit Ihrem Kind leise und in ruhigem Tonfall. Wenden Sie sich ihm zu. Manchmal hilft auch das Lieblingskuscheltier, eine Schmusedecke oder ein ruhiger Ort im Haus oder im Freien.

Literatur

Austermann, M./Wohlleben, G.: Zehn kleine Krabbelfinger, Spiel und Spaß mit unseren Kleinsten, München 1989

Brazelton, T. B.: Babys erstes Lebensjahr, 5. Auflage, München 1994

Chamberlain, David: Woran Babys sich erinnern. Die Anfänge unseres Bewußtseins im Mutterleib, München 1990

Flehmig, Inge: Normale Entwicklung des Säuglings und ihre Abweichungen, Früherkennung und Frühbehandlung, 5. unveränd. Auflage, Stuttgart 1996

Hellbrügge, Theodor/Wimpffen, J. H. von: Die ersten 365 Tage im Leben eines Kindes, München 1976

Kast-Zahn, Annette/Morgenroth, H.: Jedes Kind kann schlafen lernen, 8. Auflage, Ratingen 1999

Kitzinger, Sheila: Wenn mein Baby weint, München 1990

Klaus, Marshall/Klaus, Phyllis: Neugeboren, das Wunder der ersten Lebenswochen, München 2000

Leboyer, Frédérick: Sanfte Hände. Die traditionelle Kunst der indischen Babymassage, 17. neugest. Auflage, München 1999

Liedloff, Jean: Auf der Suche nach dem verlorenen Glück, München 1999

Montagu, Ashley: Körperkontakt. Die Bedeutung der Haut für die Entwicklung des Menschen, Stuttgart 1997

Pikler, Emmi: Laßt mir Zeit. Die selbständige Bewegungsentwicklung des Kindes bis zum freien Gehen, München 1988

Polinski, Liesel: Spiel und Bewegung mit Babys. Das Prager Eltern-Kind-Programm, Reinbek bei Hamburg 1993

Pousset, Raimund: Fingerspiele und andere Kinkerlitzchen, Spiel-Lust mit kleinen Kindern, Reinbek bei Hamburg 1998

Schneider, Vimala: Baby-Massage. Praktische Anleitung für Mütter und Väter, München 1998

Zimmer, Katharina: Das wichtigste Jahr. Die seelische und körperliche Entwicklung im ersten Lebensjahr, München 1999

Zimmer, Katharina: Was mein Baby sagen will, München 1999

Bezugsquellen für Babytragetücher und Tragegestelle:

Das Tuch von Claire Pola
Claire Pola-Hartmann, Trichtenhauserstr. 42
CH-8125 Zollikerberg
oder über LLL-Schweiz

Rebosso-Tragetücher
Dieter Wahl, Mexico-Montezuma,
Neustadtgasse 3
72070 Tübingen

Snugli Tragesitze
Ute Wood, Georgenstr. 24
80799 München
oder im Babyfachhandel
(auch unter der Marke „Glückskäfer")

Baby Bundler
Fa. Spielkiste
Heilig-Geist-Str. 3
45657 Recklinghausen

Snugli Tragesitze und Rebosso-Tragetücher können Sie auch beziehen bei:
Sonne, Mond und Sterne
Mühlackerstr. 49
75447 Diefenbach, Tel.: 07043-5556

Anleitung für das Binden von Tragetüchern finden Sie auf dem Video:

So trage ich mein Kind richtig,
Regina Hilsberg u. a.
top-Versand, Emanuel-Geibel-Str. 18
65185 Wiesbaden
VHS Cassette

Tragehilfen

Didymos Tragetücher
Erika Hoffmann
Alleenstr. 8
71638 Ludwigsburg
Tel.: 07141/92 10 24
Fax: 07141/92 10 26
info@didymos.de

Fragen Sie im Fachhandelauch nach dem „Snugli" bzw. dem „Glückskäfer-Tragesack".

Anleitung für das Tragen von Kindern finden Sie in dem Video:
So trage ich mein Kind richtig,
Regina Hilsberg u. a.
Top-Versand, Emanuel-Geibel-Str. 18
65185 Wiesbaden
VHS Cassette